Lebensplan & Seelenwege
Was man im Café Wunderbar so alles plant ...

Für alle, die in meinem Herzen wohnen

„Heute ist der jüngste Tag deiner Vergangenheit!
Morgen ist der erste Tag deiner Zukunft!
Alles wird aus dem Jetzt geboren!"
(Mein Geistführer Abraham)

Petra Plößer

Lebensplan & Seelenwege
Was man im Café Wunderbar
so alles plant …

Lebensplan & Seelenwege
Was man im Café Wunderbar so alles plant ...

Copyright © Petra Plößer 2017
Alle Rechte vorbehalten. Kein Teil dieser Publikation darf ohne meine vorherige Zustimmung, in irgendeiner Form oder irgendeiner Weise – sei es elektronisch, mechanisch, als Fotokopie, Aufnahme oder anderweitig – reproduziert, auf einen Datenträger gespeichert, vervielfältigt, veröffentlicht oder übertragen werden.

Herstellung und Verlag:
BoD - Books on Demand, Norderstedt
ISBN: 9783743177079

Cover-Photo Urheber: pathdoc, dreamies.de

Die Deutsche Nationalbibliothek verzeichnet diese Publikation in der Deutschen Nationalbibliografie; detaillierte bibliografische Daten sind im Internet über dnb.d-nb.de abrufbar.

Inhalt
Über die Autorin und dieses Buch 6
Kurze Einleitung 7
Vor dieser Zeit 10
Namen und Du 12
Die Planung beginnt 15
Der erste Akt 21
Verschiedene Level und der freie Wille 27
Kollektive Lebenspläne 36
Gesundheit und Lebensplanung 40
Suizid 57
Habe ich mir meine Eltern selbst ausgesucht? 64
Wenn Gutes und Böses dir widerfährt 69
Kapitel ohne Titel bzw. Wenn-Oder-Aber-Vielleicht-Optionen 75
Ist der Todeszeitpunkt fest fixiert? 83
Tiere im Lebensplan 88
Geistführer 94
Toyota Prinzip: Alles ist möglich 104
Schicksal und Karma: „Kar ma nix machen?!" 112
Yedi-Mentalität: „Nimm deine Macht an" 118
Ritual 121
Dualseelen, Zwillingsflamme, Seelenpartner/in 125
Berufung 133
Wie finde ich meine Lebensaufgabe oder Berufung? 138
Katastrophen und Unglück 144
Organspende und Sterbehilfe? 152
Weckrufe, Lebensentscheidungen und die Komfortzone 159
Pippi-Magie 169
Wulle-Wulle-Sonnenschein 176
Wann kommt die Lebensaufgabe? 184
Zurück ins Licht - Der Weg nach Hause 191
Seelenwege 196
Epilog ☺☺ 203
Danke 204

Über die Autorin und dieses Buch

Gestatten, ich bin ein Feuerpferd im asiatischen Horoskop. Feuerpferd-Mädchen wurden im alten China angeblich gerne mal um die Ecke gebracht. Sie waren zu wild und zu aufsässig. Was mich betrifft, stimmt das auch. Und genau darum hältst du dieses Buch in der Hand. Weil ich in der Eso-Szene beheimatet bin, mich aber von vielen „Wahrheiten und Praktiken" distanziere, welche dort als unabdingbar für die „Erleuchtung" propagiert werden. Das geht mit „dem Wunsch ins Universum schicken" schon los. Ich kann es nicht mehr hören. Wünschen und warten, dass das Gewünschte sich manifestiert. Schön brav im Vertrauen sein und hoffen, dass das alles so kommt, wie man es sich „bestellt" hat. Oder, schlimmer noch: Das böse Schicksal meint es nicht gut, da kann man halt nichts machen. Es ist eben so vorgesehen, dass mir das alles passiert! NEIN! Ich habe da ganz andere Erfahrungen gemacht. Und es hat lange gedauert bis ich erkannte, warum ich mir trotz Eso, Spirit, Wunsch und Schönfärberei immer noch selbst im Weg stand. Ich musste verstehen, dass wir zwar einen Plan haben, dem die Seele folgt, doch dass dieser Plan veränderlich, wandelbar und beeinflussbar ist. Durch mich, durch mein Tun, meine Gedanken, meinen Willen. Und weil ich denke, dass es viele Menschen dort draußen gibt, denen es ähnlich ergeht und die auch so denken, ist dieses Buch entstanden. Was gibt es sonst noch über mich zu sagen? Ich bin verheiratet, die Silberhochzeit mit meinem wundervollen Gatten Walter liegt schon hinter mir, und ich bin Mama von drei Kindern. Zwei „wohnen" im Jenseits. Und mein Sohn Tobias lebt hier mit uns und macht mich jeden Tag stolz und glücklich.

Kurze Einleitung

Hallo! Wie schön, dass du dieses Buch in deinen Händen hältst. Somit kann ich davon ausgehen, dass Du zumindest in Erwägung ziehst, dass es so etwas wie einen Lebensplan gibt.

Als erstes solltest du wissen, dass alles, was in diesem Buch zu lesen ist, ausschließlich meine Wahrheit, mein Blickwinkel, meine Erfahrung und Sichtweise ist. Nichts, was du lesen wirst, muss für dich wahr oder richtig sein. Denn in meiner Wahrheit hat jeder Mensch immer recht, und es ist immer alles richtig, was der Mensch sieht, fühlt, meint und tut. Genau genommen gibt es für mich gar keine Wahrheit, sondern nur Sichtweisen und Blickwinkel. Vielleicht darf ich dir den einen oder anderen Blickwinkel oder neuen Impuls mit auf den Weg geben. Oder aber du erforschst mit mir ganz neue Sichtweisen und Ansätze, was deinen Lebensplan und deine Seelenwege betrifft. Alles, was ich in diesem Buch niederschreibe, ist für mich absolut stimmig und ergibt für mich Sinn. Die Idee hinter diesem Buch ist diese, dass du vielleicht etwas an die Hand bekommst, um friedvoller mit dir und deinem Umfeld zu sein. Oder, dass du am Ende dieses Buches mit deiner Lebensgeschichte besser klar kommst. Man sagt mir nach, dass ich Dinge auf einfache, bodenständige und leichte Weise nahe bringen kann. Und somit werde ich versuchen, dich an die Hand zu nehmen, um mit dir eine kleine Reise durch deinen Lebensplan zu machen. Mir ist es sehr, sehr wichtig, dass du dich nicht persönlich angesprochen fühlst, wenn du etwas liest, das dir missfällt, oder das nicht in deine Wahrheit passt. Es liegt mir fern, jemanden zu beleidigen oder persönlich anzugreifen. Ich habe das Buch einer meiner besten Freundinnen vorab zum Lesen gegeben. Ich wollte eine Rückmeldung zu bestimmten Kapiteln, wie zum Beispiel zu Gesundheit und Lebensplanung oder das Kapitel Lebenspartner. Sie meinte sinngemäß, dass es wohl schon einige Leser geben wird, die bei meinen Zeilen knurren und schnauben werden. Ja, das ist mir bewusst und ich habe auch lange überlegt, ob ich es so klar und unmissverständlich rüber bringen möchte. Aber, ganz ehrlich. Ich finde, es ist an der Zeit, dass wir auch mal Klartext reden. Alle wollen Veränderung und keiner will was damit zu tun haben. Wenn du mein Buch in den Händen hältst, kann es sein, dass du nach Lösungen in scheinbar ausweglosen Situationen suchst und dir Hilfe erhoffst. Ich kann sie dir nur an die Hand geben, wenn du mir erlaubst, so offen zu schreiben, wie ich es in diesem Buch mache. Und ich bitte dich schon im Vorfeld, dich nicht gekränkt oder angegriffen zu fühlen.

Wenn ich im Buch meist in der männlichen Form schreibe oder tituliere, hat das nichts mit Wertung zu tun, oder dass ich nur das männliche Geschlecht meine. Dies ergibt sich ausschließlich aus dem sprachlichen Ausdruck meinerseits und hat nichts zu bedeuten. Ich habe einfach keine Lust immer sie/er oder ihm/ihr und die passenden Endungen zu schreiben. Beispiel: **Du** bist der/die Hauptakteur/in. …
Wenn es mir wichtig erscheint, schreibe ich es zum besseren Verständnis dazu. ☺

Vor einigen Wochen ließ ich mir von einer sehr guten Astrologin eine Vorausschau für meine anstehenden nächsten Themen geben. Mitunter ging es dabei auch darum, dass schreiben und referieren in nächster Zeit großen Raum in meinem Leben einnehmen werden. Zum Zeitpunkt der astrologischen Beratung konnte ich mir noch nicht vorstellen, dass ich mein zweites Buch in Angriff nehmen würde. Und schon gar nicht so bald. Genau genommen sagte ich zu ihr noch, dass ich dafür keine Zeit hätte.

Wenig später fragte mich Paul Meek[1], was denn mein zweites Buch machen würde, ob ich schon angefangen und ein Thema dafür hätte. Meine Antwort darauf war: „Nein, dafür habe ich im Moment keine Zeit!"

Doch dann, während einer meiner täglichen Meditationen, erhielt ich den Auftrag, mein zweites Buch zu schreiben. Themen, Inhalte und Titel wurden mir medial mitgeteilt.

Und just einen Tag später, in meinem Übungzirkel zum Festigen der Medialität, bekomme ich genau dahingehend eine Nachricht. Diese wird mir übermittelt von einer meiner Teilnehmerinnen. Diese Mitteilung lautet: „Buch und Feder, du sollst etwas schreiben."

Nun, so sei es!

---

[1] Paul Meek ist ein sehr bekanntes Jenseitskontaktmedium und mein Mentor und Lehrer

Vor dieser Zeit

Vor dieser Zeit sitzen **du** und **ich** gemeinsam an der Theke im Café Wunderbar inmitten des schönen Universums. Wir beide plaudern über Dies und Das, und um uns herum lauschen neugierig viele andere Seelen. Deren Namen kannst du gerne selbst einfügen. Es sind jene Seelen, die gemeinsam mit dir dieses Leben erfahren werden. Meiner wird im nächsten Leben Petra Plößer sein. Aufmerksam verfolgen alle unser Gespräch zur vorgeburtlichen Lebensplanung. Wir beschließen nämlich gerade folgendes; Du, lieber Leser, liebe Leserin wirst vieles in dein Leben planen, was dich an den Rand deiner Kraft bringen wird. Es wird Katastrophen, Unglücke, Misslingen und Schrecken geben. Aber auch Freude, Liebe, tolle Erfahrungen und bestes Gelingen. Vielleicht planst du Familie und Kinder zu haben, pleite zu gehen, die große Liebe deines Lebens zu leben oder gleichgeschlechtlich zu lieben?

Angetan von all diesen Ideen wollen plötzlich alle Mithörer an diesem Experiment teilnehmen. Fleißig wird geplant und getüftelt. Es gedeihen gute Inkarnationspläne und Seelenwege. Es wird überlegt und auch wieder verworfen. Alle Lebenspläne werden miteinander verwoben, so dass sicher gestellt ist, dass sich alle Seelen im Verlauf ihres Erdenlebens begegnen. Das macht allerseits eine Riesenfreude. Und als Höhepunkt wird vereinbart, wer sich wann, in welcher Angelegenheit trifft, und wer welche Aufgabe in **deinem** Leben haben wird. **Du** überlegst, welche Lektionen du zu welcher Zeit erfahren möchtest **und wer** dir dabei am besten als Lehrmeister oder Helfer zur Verfügung stehen könnte. Jetzt hörst du plötzlich meine Stimme: „Und ich werde dir zur rechten Zeit helfen. Wenn du in der Krise steckst oder meine Hilfe benötigst, wird mein Name in deinem Leben auftauchen. Oder dir fällt mein Buch in die Hände, welches **ich** in **meiner** Lebensplanung schreiben werde." Und etwas leiser, kaum für dich wahrnehmbar: „Zur rechten Zeit werde ich in dein Leben treten, auf irgendeine Weise."

Wie ein Echo vernehmen wir aus dem Hintergrund die Worte ´**So sei es**`. Ich meine, es wäre unser Schöpfer gewesen, der unsere Gespräche mit Wohlwollen und Freude verfolgt hat.

Ehe wir uns versehen, hüpfen wir in dieses Leben. Ich springe im März 1966 in das Sternzeichen Widder. Und alle landen wir im Land des Vergessens …

Namen und Du

Ich habe mich entschlossen, auch in diesem Buch die Du-Form zu verwenden. Denn die Seele kennt kein Sie, und auf irgendeiner Ebene kennen wir beide uns schon. Schließlich hältst du mein Buch in der Hand. Und wir hatten geplant, dass ich es schreiben und du es lesen würdest. Ich werde in diesem Buch auch die Themen aufgreifen, die unangenehm sind, und viele Male wirst du dich vielleicht persönlich angesprochen fühlen. Diejenigen unter euch, die mein erstes Buch „Seelenpfad" kennen, wissen, dass ich nur schreibe, wenn ich den Auftrag dazu erhalte. So schreibe ich jede einzelne Zeile genau für DICH. Und sollten wir uns irgendwann einmal persönlich begegnen, lade ich Dich herzlich ein, mich einfach Petra zu nennen. Denn auch Namen haben in unserer Lebensplanung einen großen Wert. Ich habe mir für dieses Leben den Namen Petra erwählt und fühlte mich damit immer sehr wohl, auch wenn dieser Name nicht gerade populär ist. Namen bestehen aus Schwingung und Klang. Und Klang macht etwas mit dir und bei deinem Gegenüber. Außerdem haben Namen in der Gesellschaft oft eine Bedeutung, auch abgekürzte oder abgewandelte Namen gehören dazu. Sobald du einen Namen hörst, bringst du diesen bewusst oder unbewusst mit jemand oder etwas in Verbindung. Du kennst das sicher: Du siehst ein Baby und denkst dir: „Ja genau, die sieht aus wie eine Jessica, Renate, Celina", oder auch: „Genau, das ist ein Sepp, Patrick, Nick oder Manuel." Jeder Name schwingt mit einer ganz besonderen Kraft, hinter jedem Namen verbirgt sich auch ein Auftrag. Nicht umsonst werden auch in heutiger Zeit immer noch sehr gerne alte biblische Namen verwendet. Denke nur an Tobias, Markus, Matthias. Bei den Mädchen jede Form von Christine, auch Maria und Lisa, die Kurzform von Elisabeth, tauchen immer wieder auf.

Ich weiß gar nicht, woher plötzlich diese große Lust zum Schreiben dieses Buches kommt. Seit gestern arbeitet mein Geistführer ununterbrochen mit mir. Ständig bekomme ich Eingebungen in Form von Texten, die ich dann sofort in mein Smartphone diktiere. Mein Geistführer heißt Ruben. Und eben sagte er mir, ich könnte ja mal forschen, was dieser Name bedeutet. Ich muss schmunzeln, denn auf diese Idee kam ich bisher nicht. Mein Name, Petra, bedeutet die Felsenfeste oder der Fels. Es gibt auch eine Felsenstadt in Jordanien mit dem Namen Petra. Die Namen Petra und Peter leiten sich von Petrus ab. Im Grunde also auch ein Name biblischer Herkunft, mit dem ich persönlich Kraft, Mut, Stärke und Durchhaltevermögen verbinde. Diese Eigenschaften brauchte ich mein ganzes Leben lang. Von Neugier getrieben, wollte ich nun doch noch wissen, was der Name Ruben bedeutet. Und natürlich brachte mich das Ergebnis mal wieder herzhaft zum Lachen. Denn auch dieser Name ist ein uralter, biblischer Name. Und ich dachte immer, Ruben sei ein etwas komischer Name für einen Meister aus der geistigen Welt. Gut, dass diese viel Humor mitbringen und sich über unsere menschlichen Befindlichkeiten nur amüsieren.

Ach ja, bevor du weiterliest, sollte ich dich vielleicht noch informieren, dass ich mit der geistigen Welt und Verstorbenen kommuniziere. Denn dies gehört zu meinem Lebensplan, und meine Seelenwege haben mich dorthin geführt. Ich bin ein ausgebildetes und zertifiziertes Jenseitskontakt-Medium nach britischer Schule und betreibe eine spirituelle Beratungspraxis, in der ich Menschen in ihrer Bewusstwerdung und Lebenskrisen begleite und beistehe.

Aber jetzt weiter. Wie geht es dir mit deinem Namen? Magst du ihn, oder mochtest du deinen Namen nie? Wirst du so gerufen, wie du getauft wurdest, oder wird dein Name abgekürzt oder gewandelt? Der Name hat bei der Lebensplanung eine große Bedeutung. Ich beobachte oft, dass erwachsene Frauen oder Männer plötzlich kund tun, dass sie ab sofort beim zweiten Namen genannt werden möchten. Oder dass sie eine „Verniedlichung" oder Abkürzung nicht mehr dulden wollen. Das bringt das Umfeld oft sehr durcheinander und viele sind schlicht überfordert, wenn aus dem Hansi ein Hans oder aus der Fritzi eine Friederike werden soll. Doch dies ist gut nachzuvollziehen. Denn sehr oft hat es mit großen Umbrüchen oder Wandlungsprozessen zu tun. Auch vorangegangene, schwere Krankheiten, Prüfungen oder Verluste können dazu führen, dass man sich nicht mehr als die kleine Kati oder der liebe Klausi fühlt. Das Umfeld sollte dann wirklich versuchen, darauf einzugehen. Denn der neue Name oder wie man gerufen und genannt wird, trägt zur Heilung, Wandlung und Kräftigung bei. Wie gesagt, Namen sind Klang und Schwingung und so wie wir uns definieren, so schwingen wir und strahlen diese Energie auch aus.

Die Planung beginnt

Die Lebensplanung geschieht im Einklang mit den Erfahrungen, welche die Seele in der nächsten Inkarnation machen möchte. Diese wiederum stehen in Resonanz mit den Erfahrungen, die die Seele in früheren Leben gemacht hat. Oft arbeitet eine Seele mehrere Leben lang an ein und demselben Thema. Und das auch meist mit immer den gleichen Seelen. Wobei die „Besetzung" der Rollen im Lebensplan von Leben zu Leben unterschiedlich sein kann.

Wer in einem früheren Leben dein Opa war, muss das nicht zwingend in diesem Leben wieder sein. Du ganz alleine wirst dir überlegen, auf welche Weise du Erfahrungen und Lektionen machen möchtest. Du baust dir den Schwierigkeitsgrad ein, die Intensität, das Drama, die Erschütterung, die Weckrufe, die Menschen, denen du begegnen möchtest. Natürlich auch alle wundervollen und schönen Begebenheiten. Alle Glücksmomente und tiefgreifende, bewegende Ereignisse. Stell dir vor, du bist ein Regisseur. Du möchtest einen Monumental-Film drehen, oder du bist ein Komponist und möchtest eine Oper kreieren. Nun, was wirst du tun? Du baust dir eine Bühne und lädst Statisten, Schauspieler, Musiker und Sänger ein. Du wirst dir ein tolles Bühnenspektakel überlegen, das dazugehörige Bühnenbild erbauen lassen oder die nötigen Schauplätze und Requisiten erkunden. Genau so läuft es bei der Planung deiner nächsten Inkarnation. Du hältst „Meetings" mit den Seelen ab, die eine „Rolle" in deinem künftigen Leben „spielen" sollen oder dürfen. Du prüfst genau, ob diese die nötigen Voraussetzungen an Erfahrungen und Wissen mitbringen, um dir in deinem nächsten Leben zu helfen. Du als Seele gehst als feinstoffliches Wesen im Licht nicht in die Wertung dessen, was du mit wem auf welche Weise planst. Alles dient nur dazu, dir Wissen, Erkenntnis, Wachstum und Lektionen zu bieten. Wer wird nun die Hauptrolle ergattern? Natürlich du. **Du** bist der/die Hauptakteur/in in deinem nächsten Leben. Du spielst die Rolle die **DU DIR** auf den „Leib" schreibst. Im wahrsten Sinne. Genau! Das magst du vielleicht nicht hören. Und vielleicht schnaubst du auch gerade wütend. Aber ja, dennoch ist es so. Denn nur du allein hattest den Mut, die Zuversicht, das Bestreben, genau diese – deine Tragödien und Dramen ins Drehbuch zu schreiben. Und nur du hattest das Recht dazu. Denn wir haben den freien Willen, wir werden zu nichts gezwungen, dürfen alleine entscheiden und agieren. Natürlich besprechen wir uns bei der vorgeburtlichen Planung mit unseren feinstofflichen Freunden und hohen Meistern. Doch diese werden nur hier und da etwas anfügen oder einen Impuls geben. Sie wertschätzen dich und deine Pläne im höchsten Maße und würden sich niemals einmischen oder dir etwas ausreden.

Wie oft höre ich Sätze wie diese: „Was habe ich nur verbrochen, dass ich so bestraft werde", oder „Gibt es denn keinen Gott, dass so viel Unrecht geschieht?" Und diesen hier: „Es kann keinen Gott geben, denn dann würde er das alles nicht zulassen."

Das ist ein typischer Fall von Verantwortung abgeben und Schuld zuweisen, kann ich da nur sagen. Denn unser Schöpfer mischt sich in unsere Lebensplanung niemals ein. Das wäre ja noch schöner und auch ziemlich ungerecht. Erst recht wenn Gott dann auch noch den ganzen Schlamassel beheben soll, den wir Menschen uns eingebrockt haben. Sieh es doch mal so: Wenn du der Regisseur oder Komponist bist, lässt du dich vielleicht beraten oder sprichst mit Fachleuten über deine Pläne. Doch du wirst dir deinen Traum und deine Vision nicht nehmen lassen, dass du ein atemberaubendes Bühnenstück erschaffst. Und dass dabei nur etwas Perfektes entstehen wird und kann, ist für dich so klar wie nur irgendetwas.

Du bestimmst, ob es ein Krimi, eine Komödie, ein Drama, ein Thriller oder Horrorfilm sein soll. Ob dein Leben Tiefgang haben oder gemächlich dahin plätschern wird. Ob du viel Glück oder viel Leid erfahren wirst. Und weißt du auch, warum du so „verrückt oder bescheuert" sein wirst, auch ganz, ganz schreckliche Begebenheiten in dein nächstes Leben zu kreieren? Weil du viele Male schon gelebt hast und noch viele weitere Male leben wirst. Und in vielen Leben schon einmal alles warst. Dies ist nur eine Station in der Ewigkeit. Eine Momentaufnahme. Du warst schon König und Bettelmann, du warst Prostituierte und Edeldame. Du warst Mann und Frau. Arm oder reich. Gut und böse. Chef und Untergebener. Du hast gemordet und wurdest getötet, quältest Menschen und wurdest gefoltert. Und du warst Helfer und Heiler, Freund und Gefährte. Du hast Leben gerettet und dich für andere eingesetzt, dich schützend vor jemanden gestellt und eine Kugel abbekommen. Das sind nur Beispiele. Alles, was das Leben bietet, hast du sicher schon durch. In allen Epochen, in allen Welten-Zeiten. In allen Kontinenten und in allen Hautfarben.
Es geht immer nur um das Lernen, um die Lektionen und die Weiterentwicklung der Seele. Denn mit all diesen Erfahrungen bewegt sich die Seele in eine höhere Schwingung. Wir werden mit jeder Erfahrung lichtvoller, gütiger, demütiger. Sowohl hier auf der Erde, als auch ganzheitlich betrachtet. Denn die Seele hat nur einen

Wunsch: Sie möchte irgendwann wieder zur Quelle zurückkehren. Aber das geht erst, wenn alle Lektionen gelernt, alle Erfahrungen gemacht sind.
Die Seele durchläuft verschiedene Entwicklungsschritte. Je nach Entwicklungsstand wird sie sich auch ihre Lektionen erwählen. Man spricht von einer Baby-Seele, Kinder-Seele, Erwachsenen-Seele, reifen oder alten Seele, weisen Seele, Meister-Seele. Wenn die Seele die Meister-Reife erreicht hat, stellt sie sich oft für die Menschen auf der Erde in den Dienst. Das sind dann die Meister, die mit uns arbeiten. Diese Seele muss nicht mehr inkarnieren. Je nachdem, welche Lektionen nun schon in den verschiedenen Leben gelernt wurden, werden für das neue, künftige Leben nun konkrete Ereignisse geplant. Entweder aufbauend auf das vergangene Leben. Oder ganz neue Abenteuer des Lernens oder Wachstums.

Was könnte es sein, das du dir in diesem Leben vorgenommen hast zu bewältigen? Ist es Selbstwert, Selbstliebe, Ohnmacht, Verlustangst, Selbstzweifel, Existenzängste zu besiegen. Der Tod eines geliebten Menschen, den du verarbeiten musst. Krankheit, hohe Schulden, Armut, Obdachlosigkeit, Kinderlosigkeit, Einsamkeit, die dich quälen. Oder hast du dir etwas „zu Schulden kommen" lassen, was du dir nicht verzeihen kannst? Vielleicht gehörst du zu den Menschen, die sich für dieses Leben eine Pause genommen haben und es läuft alles rund. Bist du zufrieden und mit deinem Leben im Einklang, kann das eine Belohnung sein, die du dir selbst kreiert hast. Oder du brauchst einfach mal Erholung. Die geistige, feinstoffliche Welt wertet nicht, wie unser Leben verläuft. Darum ist eine Seele, die gerade ihren nächsten Lebensplan bearbeitet, oft sehr kühn und abenteuerlich drauf. Sie packt sich dann ihren Rucksack ziemlich voll und ahnt nicht, dass das auch Stolpersteine auf ihrem Weg werden können. Doch wenn wir im Land des Lichtes sind, ist uns nicht mehr bewusst, wie schwer das Leben sein kann. Die Seele meint dann: „Ich schaffe das, denn es ist wichtig." Angekommen auf der Erde und eingewoben in dem „Bühnenbild" kommt es dann oft so, dass die Seele ächzt und stöhnt und jammert und es gar nicht für möglich hält, dass sie es selbst war, die diesen Weg einst plante. Dann wird lamentiert und geschimpft, die Schuld anderen zugeschoben, alles von sich gewiesen. Gott verantwortlich gemacht und die Hände in „Unschuld gebadet" Das meine ich aber sinnbildlich, denn ich nutze das Wort Schuld nie in meinem Sprachgebrauch. Wir können uns gar nicht schuldig machen, außer wir machen etwas vorsätzlich, um jemanden Schaden zuzufügen.

Und, hast du schon darüber nachgedacht, welches deine Lebensthemen sind? Vermutlich ist dir dies ohnehin schon klar gewesen, doch ich wollte noch einmal darauf hinweisen, dass nichts in deinem Leben aus Versehen geschehen wird. Nun gilt es zu überlegen, welche Personen genau in diese Kerbe schlagen. Denn in deiner vorgeburtlichen Planung hattest du dir hierfür die perfekte Besetzung ausgedacht. Und an diesem Punkt sollte man auch immer darüber nachdenken, dass diesseits die größten Nervensägen und Quälgeister, in der Lichtwelt unsere besten Freunde sein können. Unsere schlimmsten Lehrmeister und Menschen, die uns permanent ärgern, sind auf der Seelenebene unsere engsten Vertrauten und Verbündeten. Wem würdest du überlebenswichtige und hochdramatische Aufgaben in deinem Leben übergeben. Jemanden, den du nicht magst und nicht ausstehen kannst, möglicherweise noch nicht mal kennst? Oder doch eher jemanden, dem du zutiefst vertraust und weißt, dass er oder sie ihre Aufgaben zum höchsten und besten Wohle für dich ausführen werden? Ich denke, der zweite Punkt trifft zu. So ist es während der Planungsphase für dein künftiges Leben auch. Du erwählst dir für deine wichtigsten Erfahrungen und Ereignisse in deinem nächsten Leben die Seelen, denen du zutiefst vertraust, und die du liebst. Und das muss nicht heißen, dass diese Seele während der Planung mit Freude deine Ideen aufgreift. Nein, es kann sogar sein, dass sie regelrecht dazu überredet werden muss, um in die ihr zugedachte Rolle zu schlüpfen. Nehmen wir einmal an, du wirst gemobbt und hast einen Chef, der dich tritt und quält bis aufs Blut. Natürlich wirst du kein gutes Wort für diesen Mann haben. Dennoch kann es durchaus sein, und ich gehe zu 100% davon aus, dass er in der Lichtwelt dein bester Verbündeter ist, wenn nicht sogar ein Seelenaspekt von dir. (Ein Teil aus deinem eigenen Seelen-Ursprung)

Die Seele hat sich nun die Rahmenbedingungen für die künftige Inkarnation ausgedacht und die verschiedenen Rollen zugeteilt. Die Kulisse ist kreiert, die Lebensumstände soweit durchdacht. Kurz gesagt, die Rohfassung ist nun fertig.

Der erste Akt

Bereits die Umstände der Zeugung können das künftige Leben schon beeinflussen. Darum wird auch dies im Lebensplan berücksichtigt. Denn die Art und Weise wie ein Kind gezeugt wird, kann nachhaltigen Einfluss darauf haben, wie die Beziehung zur Mutter im Besonderen, bzw. der Status in der Familie im Allgemeinen sein wird.

Der Zeitpunkt für die Geburt, nämlich Datum und Uhrzeit, werden ebenso festgesetzt, wie die Bedingungen unter denen das Baby geboren werden wird. Denn auch dies wird immensen Einfluss auf das Leben des Kindes, beziehungsweise des späteren Erwachsenen nehmen. Die astrologischen Aspekte spielen eine große Rolle im Leben eines Menschen. Darum ist es aus meiner Sicht nicht sehr ratsam, als Mutter den Zeitpunkt der Geburt zu bestimmen. Denn bereits einige Stunden können großen Einfluss auf die Fähigkeiten oder Defizite eines Menschen nehmen. Die Seele sucht sich explizit für ihre Abenteuer auf der Erde den richtigen Geburtsmoment aus. Damit ist sichergestellt, dass sie das Rüstzeug hat, um alle geplanten Lektionen bestmöglich zu bewältigen. Möglicherweise braucht die Seele die Erfahrung ihrer Geburt, um einen perfekten Startschuss für das künftige Leben zu gewährleisten. Deshalb würde ich immer empfehlen, alles seinen natürlichen Lauf zu lassen.
Wir können nicht wissen, wie wichtig es ist, sich den Weg in diese Welt selbst zu wählen, bzw. wie groß der Einfluss eines Arztes ist, der einfach in die Gebärmutter hinein greift und das Baby seiner Umgebung entreißt. Dies kann schwerwiegende Schockzustände auslösen,

welche sich im späteren Leben auf dramatische Weise in Verlustängste und Existenzängste entwickeln können.

Natürlich spreche ich hier ausschließlich von Geburten, die von den künftigen Eltern ohne Anlass eines medizinischen Hintergrundes geplant werden. Wenn ein Baby künstlich auf die Welt geholt werden muss, weil es zum Beispiel falsch herum liegt, so gehört das meiner Wahrnehmung nach schon zum geplanten Programm für dieses neue Leben. Die Seele weiß auch, und berücksichtigt es im Lebensplan, dass es zu einem Kaiserschnitt kommen kann. Als Variante sozusagen. Denn auch die künftige Mutter hat ihren Plan. Und darin kann es eine Option sein, dass sie sich diese Entscheidung bis kurz vor der Geburt ihres Kindes vorbehält. Quasi eine Option im Lebensplan, die erst vor Ort zum Tragen kommt. Schließlich ist nicht alles starr und unbeugsam festgeschrieben. Vielmehr plant die Seele viele Eventualitäten mit ein. In keinem Fall ist eine Seele unvorbereitet oder überrascht von den Ereignissen ihrer Geburt zum Menschen. So kann es auch sein, dass eine natürliche Geburt ansteht und im letzten Moment muss ein Kaiserschnitt gemacht werden. Für die Seele wird das nun den Plan B hervorrufen. Aber dazu komme ich später im Buch.

In meinem Beruf als Medizinische Fachangestellte arbeitete ich auch einige Jahre in einer Frauenarztpraxis. Dies war eine sehr lehrreiche und spannende Zeit. Es gibt kaum etwas das es nicht gibt, wenn es um Zeugung, Schwangerschaft und Geburt geht. Die Rahmenbedingungen einer Zeugung reichen von sexuellen Übergriffen, über geplant und ungeplant, bis hin zur ersten sexuellen Erfahrung, die zu einer Schwangerschaft führt. Auch die Umstände der Geburt sind so vielfältig, dass man sie gar nicht alle aufzählen kann. Die neuen Erdenbürger lassen auf sich warten, kommen scheinbar ungeplant, oft auch ungewollt und sogar unbemerkt von den Mamas. Sie brauchen Starthilfe, wollen bereits im Bauch viel Aufmerksamkeit, müssen künstlich auf den Weg gebracht werden, oder gehen gleich wieder zurück ins Licht, noch im Mutterleib oder kurz nach der Geburt. Dies alles wird bereits vorher bis ins kleinste Detail von der Seele geplant. Die endgültige Version der bevorstehenden Geburt wird im Einklang mit dem Plan der Mutter stattfinden. Der ursprüngliche Plan oder besser gesagt, die Urversion ist zwar die Beste, doch nicht in Stein gemeißelt, alles ist variabel. Die Seele hat verschiedene Varianten und Abwandlungen bereits eingearbeitet. Jedes einzelne Puzzlestückchen ist wertvoll und dient ausschließlich dem Lernen und dem Sammeln von Erfahrungen. Die Seele wird auf telepathische Weise den gewünschten Namen an die Eltern oder einem Elternteil mitteilen. Manchmal auch jemanden aus der Familie, der dann einen Impuls geben wird. Auch wenn Mama oder Papa noch so stolz darauf sind, welche wundervollen Namen sie gefunden oder kreiert haben, ich bin mir sicher, dem ist nicht so. Meinen Erkenntnissen nach bestimmt den Namen ausschließlich die Seele. Denn, wie bereits erwähnt, braucht die Seele auch diese Schwingung zur Unterstützung und Umsetzung der Erfahrungen, die geplant sind. Bei meiner ersten Schwangerschaft wussten wir bis zum siebten Monat das Geschlecht nicht. Wir hatten keine Idee für einen Namen, weder für ein Mädchen, noch für einen Jungen. Es sollte ein Name sein, den man nicht verballhornen konnte. Und der in der Abkürzung immer noch schön wäre. Leider hatten wir diesbezüglich keinen Einfall, denn wir wollten auch nicht, dass es ein Allerweltsname ist. Von heute auf morgen stand plötzlich der Name Dominik im Raum. Woher diese Idee kam, wussten wir nicht, einen Mädchennamen hatten wir immer noch nicht. Dann erfuhren wir, dass wir einen Sohn haben würden, und es war einfach klar, dass es ein Dominik ist. In der zweiten Schwangerschaft wusste ich bereits bei der Zeugung, dass *es* passiert ist. Außerdem war mir klar, dass es ein Mädchen sein würde. Schon in den ersten Wochen hatte ich immer den Namen Sarah im Kopf. Ich war mit allen Sinnen bei diesem Baby, und sprach in Gedanken immer mit einem Mädchen namens Sarah. Nach meiner Fehlgeburt taufte ich in einer kleinen Zeremonie dieses Sternenkind auf diesen Namen. Auch heute, so viele Jahre danach, spreche ich mit ihr und nenne sie Sarah. Die Obduktion hatte es mir zusätzlich noch bestätigt, dass es ein Mädchen war. Als ich wieder schwanger wurde, wollten mein Mann und ich über Namen nicht mehr nachdenken. Denn unsere beiden verstorbenen Kinder hallten immer noch in uns nach. Es war uns, als ob wir mit dem Finden eines Namens ein Unglück heraufbeschwören würden. Doch eines Tages fuhren wir im Auto und hörten Radio. Nach dem Verlesen der Nachrichten wurde der Name des Nachrichtensprechers genannt. Es war ein Tobias Soundso, und genau in diesem Moment wusste ich, dass es ein Sohn sein würde und er Tobias heißen möchte. Ich teilte meinen Mann diesen Gedanken mit, und er war sofort damit einverstanden, denn es fühlte sich auch für ihn absolut stimmig an. Tobias kam gesund und munter zur Welt und erfreut unser Leben. Später beschäftigte ich mich einige Zeit mit Zahlen und Namen. Dabei brachte ich in Erfahrung, dass Dominik übersetzt „dem Herrn, Gott gehörend" heißt. Tobias bedeutet hingegen „Gottesgeschenk". Der Name Sarah ist biblisch, sie war die Frau von Tobias. Für mich macht dies absolut Sinn und zeigt mir, dass wir an der Namensgebung wirklich nicht beteiligt sind. Natürlich gehört es zur sorgfältigen Planung auch, sowohl die richtigen, perfekten Eltern auszusuchen, als auch die Familienkonstellation zu kreieren. Denn niemand nimmt mehr Einfluss auf unser Leben als die Familie. Richtig und perfekt heißt deshalb auch nicht perfekt im eigentlichen Sinne. Sondern perfekt, um das zu lernen und die Rahmenbedingungen zu bekommen, welche unserer Lebensplanung dienen werden. Selbstverständlich gehören dazu alle Erziehungsmuster, Prägungen, Programmierungen und eventuell Verletzungen, welche wir in der Familie erfahren. Aber auch das Glück, die Freude, die Unterstützung, die Wertschätzung, die bedingungslose Liebe durch die Familie steht möglicherweise in unserem Lebensbuch. Auch das Leben als lediges Kind, verstoßenes Kind, Stiefkind, oder als Patchwork-Kind ist so von der Seele gewollt.

Wie sah es in deiner Kindheit aus? Wie waren deine Umstände der Zeugung, Schwangerschaft und Geburt? Dies kann dir schon großen Aufschluss darüber geben, wie du bestimmte Themen in deinem Leben heilen kannst. Wenn du z. B. erkennst, dass deine Familie dich immer ausgegrenzt hat, du weniger wert warst als deine Geschwister. Oder dass dein Vater deinen Bruder mehr liebt als dich, dann kannst du dir überlegen, welche Aufgabe dein Vater in deinem Leben übernommen hat. So könnte es sein, dass du lernen wolltest, dich gegenüber Jungs zu behaupten, den männlichen Anteil in dir zu aktivieren. Oder auch, dass du das Thema Gerechtigkeit gewählt hast und so die richtige Startposition einnimmst, um früh damit konfrontiert zu werden. Wenn es dir nun gelingt, deinen Vater nicht als Übeltäter zu betrachten, sondern ihm die

Ehre zuteilwerden lässt, dass er seine Sache bestens erledigt hat, dann hast du den ersten Schritt in die Heilung begonnen. Immer wenn wir jemandes Rolle in unserem Leben ergründen und herausfinden, welche Aufgaben diese Person übernommen hat, dann haben wir quasi schon die Lösung gefunden. So verschwindet die „Schuldzuweisung" zugunsten eines tiefen Verständnisses für unseren Lebensplan. Auch Dankbarkeit kann dann entstehen, wenn wir es einfach wertfrei betrachten und verstehen, dass unsere Quälgeister uns einen großen Dienst erweisen, um zu wachsen. Im besten Fall über uns hinauswachsen und über unsere Grenzen gehen. Größe nicht nur zeigen, sondern auch leben. Ich weiß, ich weiß. Spätestens jetzt haben einige ganz gewaltig ihren Kamm aufgestellt und sind auf Krawall gebürstet, ob dieser frechen Behauptungen meinerseits. Ja, ja nur zu! Schlaf eine Nacht darüber und lass das mal auf dich wirken. Ich bin mir sicher, wir lesen uns morgen wieder und du bist dann sicherlich etwas besser auf mich zu sprechen. Wenn du meine Worte einfach so nehmen kannst und es sich für dich vielleicht sogar stimmig anfühlt oder als Wahrheit in dein Bewusstsein einsickert, dann hast du schon eine lange Wegstecke des Bewusstwerdens mit wohl vielen Lern-Lektionen hinter dir. Ich wäre mir vor vielen Jahren bei solchen Behauptungen sicher selbst ins Gesicht gesprungen, aber mein Weg lehrte mich eines Besseren und das versuche ich in diesem Buch weiter zu geben. Ich weiß ja nicht, wo ich den einzelnen Leser abholen darf, darum hab Nachsicht, dass ich möglicherweise für dich nichts Neues erzähle. Aber eine Auffrischung kann ja auch nicht schaden, oder?

Verschiedene Level und der freie Wille

Wie ist es nun in deinem Leben? Gleicht es einem Krimi, ist es ein Theater? Oder doch eher ein Drama? Was mir ganz wichtig ist, ist klarzustellen, dass ich nicht an ein Schicksal glaube. Nicht daran, dass etwas in Stein gemeißelt und unabwendbar ist. Nein, ganz im Gegenteil. In meiner Wahrheit hat jeder Mensch, respektive jede Seele, die Möglichkeit, die Chance, ja die Aufgabe alles zu verändern, was nicht gefällt. Ja, ich weiß, das ist nicht leicht. Das habe ich aber auch gar nicht behauptet. Alles, was ich bis jetzt sagte, war, dass es möglich ist. Und das ist ein unbeschreibliches, unbezahlbares Geschenk. Denn, wenn alles schon festgelegt wäre, dann wäre es ja schon im Vorfeld klar, ob wir scheitern oder nicht. Aber die Seele möchte ja nicht die Erfahrung des Scheiterns machen, sondern die Erfahrung des Gelingens, der Lösungen, der Überwindung, des Grenzenüberschreitens und über sich Hinauswachsens. Und der Lebensplan dient dazu, dies möglich zu machen. Welche Wege wir gehen, wie wir sie gehen, auf welche Weise wir sie gehen. Das alles ist nicht festgeschrieben, nicht geplant und nicht vorbestimmt. Wir haben immer und zu jeder Zeit die Möglichkeit zu wählen, ob und wie wir unseren Aufgaben begegnen. Außerdem kann es auch sein, dass wir trotz bester Planung unsererseits an dem Plan einer anderen Person scheitern. Vielleicht, weil diese sich umentschieden hat. Oder sie beschließt, einen ganz anderen Weg zu gehen, was zur Folge hätte, dass dein Plan auch durchkreuzt wird. Das könnte dazu führen, dass wir selbst auch nicht weiterkommen, oder es sich anders entwickelt als angedacht und wir die beabsichtigte Lektion nicht lernen können. Stelle dir einen Softwarehersteller und einen Programmierer vor. Zusammen möchten sie ein Computerspiel kreieren. Eines, das aufbaut auf den Vorgängern, aber doch ganz neu und mit vielen tollen Features und Tools. Die Konsole wird überarbeitet, die Farben und Figuren des Spiels, auch die Auswahl an Spielpositionen. Selbstverständlich stellen sie verschiedene Charaktere zur Verfügung sowie die Möglichkeit, sich eine Spielfigur nach eigenen Vorstellungen zu basteln.

Die beiden müssen alle Varianten des Spiels, alle möglichen Spielzüge, alle falschen Techniken des künftigen Spielers, alle Fehler, alle Tricks und alle Lösungen bereits im Vorfeld einbauen und einplanen. Sie müssen zig verschiedene Modi erstellen, Schach-und Winkelzüge der Gamer erahnen und für alle Spielzüge eine Lösung entwickeln. Das Spiel wird in der virtuellen Welt online zu spielen sein und darum müssen sie damit rechnen, dass Profis und Anfänger die Gamer sein werden.

Worauf ich hinaus will, ist, dass diese Programmierer für alles und jedes eine Lösung finden müssen, obwohl sie nicht wissen, was die Gamer im Spiel so treiben werden. Und das, noch bevor das Spiel in die Hände der Anwender kommt. Mittlerweile gibt es Spiele, da verändern sich die Welten und Spielzüge in der Weise, wie der Gamer das Spiel spielt. Die Software lernt quasi mit und verhält sich entsprechend. Ein Computer-Spiel, das sozusagen auf die Spieler eingeht und dem gemäß neue Möglichkeiten schafft. Dies alles müssen die Game-Erfinder programmieren. Genau so ein Spiel soll auf den Markt. Und am Ende ist es egal welchen Spielzug, welche Kniffe und Wege der Spieler gegangen ist. Er wird das Spiel beenden. Game Over.

Erkennst du, welches Geschenk das birgt? Bei dir war oder ist es genauso. Deine Seele weiß bereits im Vorfeld, dass sie möglicherweise an der einen oder anderen Aufgabe scheitern wird, hinschmeißen möchte, keine Lust mehr hat oder aufgeben will. Und hat genialer weise das schon mit eingeplant und somit auch die perfekte Lösung mit ins Leben gebracht. Damit hast du unbestechliche und unbezwingbare Werkzeuge, um dein Leben in eine andere Richtung zu bringen. In eine Energie, in der du dich wohler fühlst, es besser machst, gesünder bist, geselliger, glücklicher. Und du allein bestimmst, wie dieser Weg aussieht, den du ab heute gehst. Hierzu ist es nur nötig, dass du es für möglich hältst, dass es auch besser, schöner und leichter sein kann. Dass es für deinen „Schlamassel", deine „Baustellen", deine „Schieflagen" bereits einen eingebauten Lösungs-Knopf gibt. Die Seele ist nicht so doof und inkarniert hierhin auf die Erde ohne Netz und doppelten Boden. Es gibt IMMER eine perfekte und machbare Lösung in unserem Leben. Diese kann aber erst zu uns finden, wenn wir die Türe dafür öffnen. Also mach dich weit und öffne deine Wahrnehmung für die Lösung und verschließe dich vor weiterem Elend, Trauer, Wut und Frust. Du hast die Wahl, wie du deine Seelenwege gehst. Das wurde vorgeburtlich nicht bestimmt. Das ist der Unterschied zum Lebensplan. Die Seele hatte eine Idee, entwarf dafür einen Plan. Und es gibt viele Optionen, wie du diesen Plan bewältigst. Es wurden im Vorfeld alle Möglichkeiten in deinen Lebensrucksack gepackt. Es ist an der Zeit, es anders zu versuchen. Denn es kommt nicht darauf an, dass du deinem Lebensplan entsprichst, sondern darauf, dass du deinen Seelenplan erledigst. Und das ist die Art und Weise, **wie** wir mit den Herausforderungen umgehen, die Pläne um-

zusetzen. Das Ziel der Seele ist es immer, dass wir am Ende der Lektion in einer Verfassung sind, in der wir zurückblicken und sagen können: „Passt, ich bin zufrieden." „Lektion im Seelenplan erfüllt!"
Natürlich ist es besser, wenn wir das gut erledigen. Der Lebensplan ist also das Gerüst, das Fundament deines physischen Lebens, Seelenwege sind die Pfade, die wir gehen, um den Lebensplan umzusetzen, aber der Seelenplan ist das, worauf es ankommt. Denn mit Erfüllung des Seelenplans werden wir wachsen. Ist die Prüfung einer Lektion erfüllt, das gelernt, worum es ging, ist der Plan der Seele umgesetzt. Sie hat mit Bravour die Aufgabe gemeistert und die Prüfung bestanden. Dann ist im Rückblick zwar der Weg immer noch nicht schön, doch das Ergebnis stimmt. Die Seele ist zufrieden, die Meisterschaft ist geglückt. Deinem Lebensplan wirst du immer entsprechen, da kannst du gar nicht so viel falsch machen. Der Körper ist das Gefährt der Seele, der göttliche Funke wohnt in dir. Körper, Geist und Seele sind immer im Austausch und somit wirst du quasi schon dort hingelenkt, wo du sein musst. Du kannst sozusagen gar nicht deinem Lebensplan nicht entsprechen. Was möglich ist, dass du mal eine Abkürzung genommen oder einen Umweg gemacht hast. Aber auch dann wirst du wieder in die richtige Spur manövriert. Natürlich gibt es im Lebensplan markante Punkte, die dann spürbar werden und man weiß, dass man jetzt genau in einer „geplanten Lebenssituation ist". Es ist nichts in Stein gemeißelt. Mögen deine Lebensumstände noch so schlimm, so ausweglos, so verrückt, so traurig, so arg sein. Du hast die Wahl. Ja, dein Lebensplan, das was du erfahren und erleben wolltest, hat dich dorthin gebracht. Doch es ist ganz allein deine Entscheidung, wie du damit umgehen wirst. Ob du

im Drama, im Opfer, in der Trauer oder Einsamkeit verharrst, stecken bleibst. Oder ob du dich gleich jetzt entscheidest, heraus zu gehen, weiter zu gehen und deine Macht wieder in die Hand zu nehmen. Wenn du dich dazu entscheidest, habe ich gleich schon den ersten Tipp für dich: „Steh auf, stelle dich gerade hin. Schau nach vorne." Mache dir bewusst, dass du jetzt gerade in einer Energie bist, die du nicht länger bedienen möchtest. Dann mache einen übertrieben großen Schritt nach vorne. Stelle dir dabei vor, wie du aus diesem ganzen Schlamassel herausgehst und die alten Energien verlässt. Sage dir innerlich: „Nun verlasse ich das Alte, Destruktive und Blockierende. Ich gehe in meine Macht, ich gehe in meine Kraft, ich gehe nach vorne, ich gehe in die Veränderung." Und wenn du diesen Schritt gemacht hast, schaue nicht mehr zurück. Na, wie fühlt sich das an? Das hat etwas mit Macht zu tun. Die Dinge in die Hand zu nehmen und eigenmächtig die Richtung zu wechseln, ist eine Botschaft an deine Seele. Du sagst ihr, dass du nun bereit bist neue Seelenwege zu gehen. Dass du den Lebensplan zwar achtest, aber nicht mehr den Umständen unterworfen bist. Dass du den Schöpfergedanken verstanden hast und bereit bist, diesen auch in herausfordernden Lebenssituationen umzusetzen.

Nimm z. B. ein mangelndes Selbstwertgefühl. Wenn dein Leben von einem Selbstwert-Thema dominiert wird, hast du dir eine große Herausforderung vorgenommen. Bereits in der Kinderstube wirst du es mit Menschen zu tun gehabt haben, welche deinen Wert in Frage stellten. Zirka im Alter von etwa drei Jahren nimmt sich ein Kind als Individuum war. Und es wird seinen Wert im Außen festmachen. Sobald ein Kind individualistische Züge annimmt, werden die Eltern entsprechend darauf reagieren. Manchmal auch das Umfeld, im Kindergarten, der Nachbarschaft, Oma und Opa. Je nachdem wie sehr das Kind nun als Individuum wertgeschätzt wird, wird der weitere Lebensweg des Kindes geprägt werden. Wenn es von den Eltern nicht gern gesehen ist, dass es seine Persönlichkeit lebt, dann wird sich ein Selbstwert-Thema manifestieren. Denn das Gefühl, nicht als Persönlichkeit wertgeschätzt und geliebt zu werden, nimmt im Leben des Kindes Raum. Somit wird es immer versuchen, den Ansprüchen und Anforderungen der Erwachsenenwelt zu entsprechen und seinen persönlichen Selbstausdruck minimieren, schlimmstenfalls nicht mehr leben. Es bleibt im wahrsten Sinne in diesem Bereich in den Kinderschuhen stecken. Beim erwachsenen Mensch werden nun immer andere dafür sorgen, dass dieses Selbstwert-Thema im Vordergrund steht und durch entsprechende Aktionen immer wieder angetriggert wird. Möglicherweise übernimmt diese Aufgabe dein Partner, deine Partnerin, ein Bruder oder eine Schwester, die beste Freundin oder der Kumpel, ganz oft der Chef. Und du hängst in deinem Thema und findest keinen Weg ein Selbstwertgefühl zu entwickeln und im Leben zu verankern. Wie auch, denkst du vielleicht gerade. Nun, der beste Weg aus dem Dilemma wäre, aus dem Thema auszusteigen. In dem du dir bewusst machst, wer alles in deinem Leben in diese Kerbe geschlagen hat. Und zwar ohne Vorwurf, ohne Wut. Nur als Analyse. Und dann ganz klar Stellung beziehst und vor dir selbst zugibst, dass du auch dafür Verantwortung trägst. Dass du dir klar darüber wirst, dass sich deine Seele etwas dabei gedacht hat und etwas lernen wollte. Als nächstes könnest du dir bewusst werden, dass deinen Wert niemand, außer dir selbst fest machen kann. An nichts, rein gar nichts ist dein Wert messbar. Egal was, wer oder wie du bist. Dein Wert ergibt sich ausschließlich aus der Summe deiner Taten, deiner Gedanken, deiner Worte, deiner Gefühle und deiner Empathie. Das was du denkst, machst, fühlst und spürst bist du. Niemand hat das Recht dich zu werten oder zu bewerten. Nur du alleine kannst das.

Und wenn unter dem Strich herauskommt, dass du dich durchaus wertvoll fühlst mit allem, was dich ausmacht, bist du es in genau dieser Sekunde auch. WERTVOLL. Ohne irgendetwas dafür leisten oder machen zu müssen. Hier habe ich wieder einen Impuls für dich, falls du dir deines Wertes bewusst werden möchtest: „Setze dich hin und überlege, wann du dich das erste Mal bewusst in deinem Leben wertlos fühltest. Kannst du es einer Situation zuordnen, einer Person, einem Moment. Dann überlege, wer oder was diesen Wert festgelegt hat, dem du nicht entsprachst in diesem Umstand. Spüre noch einmal das Gefühl und die Emotion, die an dieses Erlebnis gekoppelt ist. Die in deiner Erinnerung eingelagerten Emotionen können jetzt freigesetzt werden. Dafür musst du die Situation hochkommen lassen und sie nochmals bewusst anschauen, doch keine neue Wertung oder Gefühle daran hängen. Wenn du das „alte Gefühl" einfach nur erlebst und vollständig erfasst, es durch dich hindurchfließen lässt, ohne es zu bekämpfen oder festzuhalten, wird es sich auflösen.

Nun segne diesen Moment als das, was er war: Der erste Schritt in eine Lektion, die deine Seele lernen wollte. Und sei dir einfach bewusst, dass du es warst, der die Dauer dieser Lektion bestimmt hat, denn du hast es nicht verändert, sondern immer wieder bedient. Mach das ohne Vorwurf, ohne Schuldgefühl. Es ist eine Feststellung und eine Ursachenerforschung. Unsere Seele liebt es, diese

Lebensthemen in die Heilung zu bringen. Wenn du dich an keinen bewussten ersten Moment erinnerst, macht das auch nichts. Dann segne auch diesen Zustand, ohne eine erstmalige Erinnerung zu haben. Es ist nicht von Bedeutung. Danach segne den Menschen oder die Menschen, die nicht müde wurden, dich immer wieder daran zu erinnern, dass du einen Auftrag zu erledigen hast. Es ist fast so, als ob uns die Eltern immer wieder an die Hausaufgaben, ans Lernen, ans Üben oder die bevorstehende Prüfung aufmerksam machen. Das hört in dem Moment auf, sobald wir uns dem Thema zuwenden. Heute, Jetzt! Lasse dann die Vergangenheit einfach Vergangenheit sein und wende dich der Zukunft zu, die du selbst kreieren und gestalten kannst. Das ist Schöpferkraft, das ist Eigenmacht und Selbstbestimmung. Du hast den freien Willen, Gott hat uns das Geschenk der Selbstbestimmung und freien Gestaltung unserer Seelenwege gegeben. Also lass es einfach zu, dass du es bist, die/der die Zügel in der Hand hält.
Wie? Nun, das kann ich dir nicht sagen, doch was ich aus Erfahrung weiß, ist, dass es niemals Sinn macht zurückzublicken. Die Vergangenheit kannst du nicht mehr ändern. Die Gegenwart ist dein Schlüssel für die Zukunft. Alles, was du im Hier und Jetzt denkst, fühlst und machst, hat unmittelbare Auswirkungen auf deine Zukunft. Du kreierst diese jeden Tag aufs Neue. Durch deine Gedanken, deine Emotionen und Worte. Diese sind die Triebfedern und Werkzeuge, mit denen du der Schöpfer deines Daseins bist. Jedes Wort, jeder Gedanke, jedes Gefühl ist pure Energie. Energie folgt immer der Aufmerksamkeit und möchte sich manifestieren. Wie oft hast du schon an etwas gedacht und schon ist es passiert. Wie oft wolltest du etwas verhindern und trotzdem ist es ge-

schehen? Nun, das liegt daran, dass du deine Aufmerksamkeit, deinen Fokus auf das Verhindern gelegt hast, statt auf das Ergebnis, das du haben wolltest. Diese „Wahrheiten" wurden zwischenzeitlich auch wissenschaftlich belegt. Mit vielen Tests in der Quantenlehre wurde das bestätigt. Mach es dir zunutze und lenke deine Aufmerksamkeit auf das Gelingen, die Fülle, den Reichtum. Aber nicht in dem du das bedauerst, was du nicht hast. Sondern in dem du dir z. B. sagst: „Im Moment sieht es noch so aus, aber es ändert sich gerade, denn ich bin dabei es zu wandeln." Das bringt dich sofort in die Eigenmacht und du gehst „aus den Umständen heraus". Du bist den Umständen nicht mehr unterworfen. Wichtig ist es aber auch, darauf zu achten, dass du mit deinem Gefühl dabei bist und in deinem Umfeld auch entsprechend kommunizierst. Ich nenne das Gedankenhygiene und Wortschatz überarbeiten. Denn wenn du es gewöhnt bist zu jammern, zu lamentieren oder es kund zu tun, wie schlecht es dir geht, ändert sich gar nichts. Ja, stimmt. Das ist Arbeit und evtl. auch mühselig. Mühselig...du gibst dir Mühe für dein Seelenheil! Diese Art von Arbeit macht Spaß, wenn du es für dich so bestimmst. Wenn du mit Freude daran gehst auszumisten, umzukrempeln und zu verändern. In jeder Hinsicht.

Kollektive Lebenspläne

Wie schon mehrfach erwähnt, hast du deinen Lebensplan sorgfältig geknüpft und gewebt. Wen wundert es da, dass es auch oft Wiederholungsmuster im Familienclan gibt. So kann es sein, dass du auch ein ausgeprägtes Programm lebst, das den Ursprung in der Vergangenheit deiner Ahnen hat. Denn wir arbeiten auch im Kollektiv unsere Familienmuster auf. Mit folgendem Beispiel kann ich es besser verdeutlichen, was ich damit meine. Die Überschrift der Geschichten meiner Vorfahren könnte heißen:
Verstorbene Kinder und Stiefväter – Verlust- und Existenzängste.
Der Mann meiner Urgroßmutter mütterlicherseits starb im Krieg. Zwei Söhne starben als Kinder. Der Jüngste, „Willi", fiel von der Schaukel und brach sich das Genick. Der Andere, „Karl", spießte sich beim Spielen auf und starb. *Verstorbene Kinder.* Mein Opa, ihr letzter Sohn, wurde mit 17 Jahren eingezogen und sah seine Mama nur noch einmal. Danach starb sie „an gebrochenem Herzen", wie mein Opa immer erzählte. Opa verlor alles und die Kriegswirren brachten ihn von Russland nach Bayern, danach zum Bergbau. Seine noch verbliebene Schwester konnte nach dem Krieg nicht mehr fliehen, bevor in der DDR die Mauern hochgezogen wurden. *Heimatlos, Familienverlust, Existenzverlust.*
In einem kleinen Ort in Bayern lernte Opa meine künftige Großmutter kennen und kurz darauf war sie schwanger mit meiner Mutter. Sie mieteten eine mehr als bescheidene Unterkunft im „Souterrain" eines Hauses. Ein umgebauter Schweinestall. In späteren Erzählungen sprach meine Oma immer davon, dass es eine grässliche

Behausung war. Mein Opa verdiente als Maurer auf dem Bau sein Geld. (er hatte noch im Baugeschäft seines Vaters eine Lehre zum Maurer abgeschlossen) Doch er gab keine D-Mark für irgendeinen Luxus aus. Zu groß war die *Existenzangst*, die ihn knauserig und knickrig sein Geld zusammenhalten ließ. Eines Tages kam er von Montagearbeiten nach einiger Zeit zurück, da war meine Oma schwanger von einem anderen. Sie bekam einen Jungen. Mein Opa duldete es, gab ihm aber nie seinen Namen. Mein Opa war nun S*tiefvater*. Als meine Oma wieder schwanger von meinem Opa wurde, verlor sie das Kind sehr spät in der Schwangerschaft. Es war ein vollausgebildetes Mädchen, angeblich hat es noch gelebt. *Verstorbene Kinder.*

Mein Opa trauerte um dieses Mädchen Zeit seines Lebens und hat oft davon erzählt. Die Ehe wurde dann kurz danach als gescheitert geschieden. Meine Oma nahm den „Kuckucks-Sohn" mit sich und ließ meine Mama im Alter von 12 Jahren einfach bei meinem Opa. Meine Mama verlor Mutter und Bruder. *Heimatlos*

Als meine Mama mich mit gerade 18 Jahren bekam, wollte mein Opa von mir nichts wissen und verlangte, dass sie mich in ein Heim geben müsse. Ich kam unter die Obhut des Jugendamtes und wurde in ein Kinderheim verbracht. Meine Mama konnte mich dort am Wochenende besuchen kommen. *Heimatlos*

Ein glücklicher Umstand führte dazu, dass der Jugendamtsvorsteher meine Mama ein halbes Jahr später als Mitarbeiterin in dem Kinderheim unterbrachte, in dem auch ich war. Sie ist Kinderpflegerin und somit bot sich das an. Folglich konnte sie nun immer bei mir sein und am Wochenende nahm sie mich zu sich und Opa nach Hause. Mittlerweile hatte Opa einen Narren an mir gefressen, mochte mich gerne um sich haben. Er war die ersten Jahre meine Vaterfigur und ich habe noch sehr viele Erinnerungen an diese Zeit. Dann lernte meine Mama einen Mann kennen, der sie heiratete und mich adoptierte. *Stiefvater.* Ich empfinde ihn als meinen Papa. Wenngleich mein Opa gefühlt auch immer wie ein Papa für mich sein wird.

Mama bekam noch eine Tochter, meine Schwester Silvia. Als meine Eltern Mitte dreißig waren, outete sich mein Vater als homosexuell und meine Eltern trennten sich einige Jahre später. Da war ich 19 Jahre. Meine Mama zog weg und ließ meine Schwester und mich in der Obhut von Papa und seiner Mama, meiner anderen Oma.

Diese Oma bekam ihren Sohn (Papa) ebenfalls ledig. Nachdem der Vater meines Papas starb, lernte meine Oma einen anderen Mann kennen und riss meinen Vater aus seiner Umgebung, denn sie zog zu diesem Mann nach Landshut. Er wurde entwurzelt und von einem fremden Mann erzogen. *Stiefvater und heimatlos.*

Meine Mama lernte wieder einen Mann kennen, mit dem sie heute noch verheiratet ist, doch auch sie musste ihre Heimat im Zuge der Trennung verlassen. Das gemeinsame Geschäft meiner Eltern ging dadurch auch in die Brüche. *Heimatlos und Existenzverlust.*

Meine Geschichte dürfte ja bekannt sein. *Verstorbene Kinder.* Meine Schwester wurde geschieden, als meine Nichte zwei Jahre alt war. Sie musste mit ihr ihren Wohnort verlassen und entwurzelte damit sich und auch meine Nichte. Zu dieser Zeit führten meine Schwester und mein Schwager ein Geschäft. *Heimatlos und Existenzverlust.* Sie musste vollkommen neu wieder anfangen mit einem Kleinkind. Sie lernte einen anderen Mann kennen, dieser ehelichte sie und somit hatte meine Nichte einen *Stiefvater*. Mit der Lebensgeschichte meines Mannes werde ich dich verschonen, aber sie ist sehr ähnlich. Es gibt verstorbene Kinder, Heimatverlust und viele Stiefväter… Nun gut, du kannst sagen, das ist doch alles normal. Der Krieg, die Geschichte. Ja, stimmt. Doch siehst du, wie ganze Familien an immer den gleichen Themen arbeiten und immer wieder ein neuer Kreislauf beginnt?! Du hast es in der Hand, diese Kreisläufe zu durchbrechen. Ich habe das mit den Vätern und Stiefvätern und den Scheidungen in der Familie schon sehr früh erkannt und schon da beschlossen, dass ich dem entgegenwirken werde. Meine Schwester lebt fast das gleiche Leben wie meine Mama. Meine Mama lebte ein ähnliches wie ihre Mama…Ich habe den Kreis durchbrochen. Meine Ehe besteht seit über 25 Jahren, ich bin in meiner Ehe glücklich. Mein Mann ist der Vater meiner Kinder und um unsere Existenz wurden wir nicht gebracht, weil wir die Zeichen deuteten.

Was also könnte der gemeinsame Plan deiner Familie sein? Denke einen Moment nach. Es gibt noch viel, viel mehr Themen, an denen als Kollektiv gearbeitet werden kann. Angefangen mit Vater-Sohn-Themen, Mutter-Tochter-Themen. In ländlichen Gegenden könnte es sein, dass seit Generationen der Status von Töchtern nicht gewürdigt wurde. Es gibt Themen wie Freiheit und Selbstbestimmung. Auch Macht- und Ohnmacht-Themen können eine lange „Familientradition" haben. Oder aber, dass es um Opfer- und/oder Aufopferung geht. Wiederkehrende Unglücke. Auch Täter- und Opfer-Themen sind beliebt als Familienmuster. Missbrauch kommt sehr oft in den Lebensgeschichten der Hilfesuchenden in meiner Praxis vor. Oder auch, dass die gleichen Krankheiten „überliefert" werden.

Gesundheit und Lebensplanung

Meine Schwester und Mama haben alle möglichen Allergien und Unverträglichkeiten, wie eine Vielzahl an Leuten in der heutigen Zeit. Ich hingegen habe nichts davon. Ich hatte diese „Wahrheiten" von Krankheit und Familienkrankheiten auch nie angenommen, habe mich dem immer verwehrt. Es fiel mir schon in meiner Lehrzeit auf, dass viele Krankheiten direkt zelebriert wurden. Fast schon so, als ob es erwartet würde, dass die Nachkommen nun auch dies und jenes haben müssten. Schließlich liegt das doch in der Familie, oder? Wär ja schade, wenn das verloren ginge ☺ Nicht böse sein. Ich möchte dich nicht ärgern und wenn du eine Krankheit hast, erst recht nicht. Aber vielleicht magst du ja mal darüber nachdenken, wie es dazu kam. Wenn es eine „überlieferte" Krankheit ist, kannst du aussteigen. Sag der Erkrankung, dass du sie nicht mehr brauchst. Nähre sie nicht mehr in Worten, Gedanken und Gefühlen und erlaube dir gesund zu werden. Nichts für ungut, aber in meiner Wahrheit gibt es auch keine generell unheilbaren Krankheiten. Ja, es gibt Krankheiten, die uns auf den Weg bringen, dann sind sie wichtig und in unserem Lebensplan verankert. Aber wo bitte steht, dass du dir nicht eine Lösung zur Heilung mit ins Gepäck genommen hast. Und selbst wenn es „vorgesehen" ist, dass man an der Krankheit sterben sollte, hat man immer noch die Wahl, wie man diesen Weg geht. Als Opfer oder in seiner Macht und Kraft. Ich weiß, das hört sich echt hart an. Und ich weiß nicht, wie ich es wärmer und liebevoller formulieren soll. Wenn du gerade sehr schwer krank bist, oder jemand, den du liebst, bitte ich dich von ganzem Herzen, mir nicht böse zu sein, wenn du das, was ich schreibe, als Angriff empfindest. Das ist ganz sicher nicht der Fall. Ich möchte mit diesen Worten nicht provozieren oder aufstacheln. Nein! Ganz im Gegenteil. Ich möchte dich dafür sensibilisieren, dass alles einen Grund und einen Plan hat. Und ich bin da ein bisschen mutig und nehme mir diese Freiheit. Denn ich habe die Hölle durchschritten, viele Male und immer wieder. Vieles weißt du nicht von mir, auch wenn du Seelenpfad von mir gelesen hast. Nicht alles kann ich schreiben. Aber ich bin so frech und sage, dass ich mit meiner Lebenserfahrung weiß, dass man alles, alles, alles überwinden kann. Und wenn nicht überwinden, dann bestimmen, wie der Weg gegangen wird. Und wenn ich die Wahl habe, und die hat man immer, dann werde ich nicht müde werden positiv zu sein, das Beste zu erwarten, Wunder zu kreieren und in meiner Macht und Schöpferkraft zu bleiben. Das kann uns niemand nehmen. Nicht ein Mensch, nicht ein Umstand, kein Thema und schon gar nicht irgendein Lebensplan. Denn dieser sieht nie Machtlosigkeit, Untätigkeit, Opferbereitschaft oder Ohnmacht vor. Der Lebensplan ist ein Manuskript, das du jederzeit umschreiben darfst, sollst, kannst und musst. Das ist deine Aufgabe im Leben, alles andere ist unwichtig.

Sehr oft werde ich gefragt, ob es sein kann, dass etwas vorgesehen oder eben Schicksal ist. Nun, ich persönlich glaube weder an Vorsehung noch an Schicksal, denn das hieße, dass wir keinen freien Willen haben. Und es macht für mich auch überhaupt keinen Sinn, ein Leben zu planen, das wir genau nach Vorgabe leben. Und überhaupt, das wäre auch ziemlich ungerecht. Denn dann hätten wir gar keine Chancen uns weiterzuentwickeln. Schließlich resultiert Fortschritt und Erkenntnis immer nach erfolgten Lebensprüfungen und wie wir diese gingen. Wenn wir nun eine Prüfung machen müssen und dabei schon das Ergebnis fest stünde, wäre das doch Unsinn. So sehe ich es zumindest. Betrachten wir die Sache doch mal anders. Nämlich die vielen Möglichkeiten, die man als Mensch hat, um eine Sache anzugehen, und die vielen Herangehensweisen, die der einzelne Mensch aus seiner eigenen Individualität und Erfahrung heraus entwickeln kann. So macht es die Sache doch schon gleich viel spannender und das Ergebnis bleibt ungewiss. Ganz wie beim Computer-Spiel. Je nachdem, was der Spieler, die Spielerin in den vorangegangenen Etappen oder Episoden des Spiels gelernt hat, wird er oder sie den nächsten Level angehen. Es werden die gleichen Fehler und Spielzüge nicht noch einmal gemacht. Na ja, vielleicht noch ein, zwei Mal. Aber dann hat er oder sie seine/ihre Lektion gelernt. Und darum geht es. Nehmen wir nun zum Beispiel die mysteriöse Erkrankung unseres ersten Sohnes. Dominik war schon im Mutterleib krank. Was er hatte, wussten die Ärzte nicht. Auch, wie sich das alles weiter entwickeln würde, war ein großes Fragezeichen. Er erblickte dann zum errechneten Zeitpunkt die Welt, war aber wie ein Frühchen und kam sofort als Notfall auf die Säuglings-Intensiv-Station. Er wurde nie gesund, keiner wusste, welchen Lebensweg er vor sich hatte. Kurz vor seinem ersten Geburtstag war er noch wie ein neugeborenes Baby. Sowohl von der Motorik, als auch von der geistigen Entwicklung her. Niemand wusste genau, was er verstand, wahrnahm und nur ich konnte mit ihm auf besondere Art kommunizieren. Er konnte nicht greifen oder sein Köpfchen halten. Eben wie neugeboren. Er wurde monatelang über eine Sonde künstlich ernährt. Ein Monitor überwachte ihn nachts. Dann erwachte er eines Morgens mit abgehackter Atmung und Luftnot, hatte Fieber und war apathisch. Binnen weniger Stunden verschlechterte sich sein Zustand drastisch und wir mussten ihn nach München auf die Intensivstation einer Kinderklinik bringen. Er starb innerhalb von vier Tagen unter ziemlich dramatischen Umständen. War das nun Vorsehung, Schicksal? Ich weiß es nicht. Was ich aber tausend Prozent weiß: Dass wir alle dies in unserem Lebensplan stehen hatten. Dass wir uns zu dieser Erfahrung verabredet hatten. Angefangen bei Dominik selbst, über meinen Mann und mich, bis hin zu allen Großeltern, Tanten, Onkels und Paten. Auch unsere Freunde, die diesen Weg mit uns gingen, hatten sich dazu bereit erklärt, noch **bevor** jemand von uns überhaupt geboren war. Es ging um die Erfahrung, um die Art und Weise, wie jede/r einzelne damit umgehen würde. Wie wir diese Zeit meistern würden. Allein oder zusammen. Jede/r für sich oder miteinander. Es ging darum, wie jede/r seinen weiteren Weg gehen würde. Ob wir Heilung finden oder hängen bleiben würden. Es war eine sehr große Aufgabe für die Familie und auch für jede/n Einzelne/n. Denn niemand wird so etwas erleben, und danach der gleiche Mensch sein. Aber Jede/r hat immer die Wahl, wie so eine Erfahrung das weitere Leben beeinflusst. Jede/r hat die Wahl, das Beste aus den Erfahrungen für sich herauszuholen und für seinen weiteren Lebensweg zu nutzen.

Gerade in letzter Zeit kamen auffällig viele Hilfesuchende zu mir in die Praxis, welche mysteriöse oder schockierende, meist Krebs-Diagnosen von Ärzten erhielten. Auch mein Papa hatte seine dritte Krebsdiagnose erhalten. Die beiden ersten Male nahmen die Ärzte ihre Diagnosen zähneknirschend wieder zurück, denn nachdem schon der ganze Ablauf einer Therapie ausgearbeitet war, brachten weiterführende Untersuchungen eine Fehldiagnose zutage. In beiden Fällen hatte ich immer sofort das Gefühl, dass es genau das ist. Eine Fehldiagnose. Und in einigen Fällen meiner Klienten erging es mir genauso. Aber, das nur am Rande. Wichtig finde ich es, dass du dich niemals sofort mit einer Erkrankung definieren lässt. Nimm niemals eine Diagnose als gegeben. Nimm es als vielleicht, möglicherweise, unter Umständen …, aber nicht als Wahrheit. Denn in dem Moment, wo du eine Diagnose und Prognose, oder jede andere Aussage eines anderen Menschen, in dein System lässt, ist es das auch. Wahrheit. Es wird zu deiner Wahrheit. Du nimmst diese Wahrheit an und machst sie zu deiner. Du hast dann eine Türe aufgemacht, und die Krankheit kann hereinspazieren. Dein System bekommt diese Information. Aufgepasst: Jetzt kommt eine Krankheit! Und noch ehe du dich versiehst, bist du krank. Dein Körper wird dir sofort alle möglichen Symptome projizieren. Und je mehr du dich mit dieser Erkrankung befasst, Informationen erhältst, im Internet liest, fragst, redest, umso mehr wird diese Weisung in dich einfließen. Du wirst zu deiner Krankheit. Es ist wie eine Instruktion, die du deinem Körper mitgibst. Denn alle Gedanken, alle Gefühle und alle Worte sind Energie. Energie fließt. Energie fließt immer Richtung unserer Aufmerksamkeit. Geht immer dort hin, wo du deinen Fokus hast. Und das Gemeine ist, dass Energie auch immer einen Weg finden wird, sich zu manifestieren. Also Krankheit! Noch fataler ist es, wenn du den Prognosen oder Verläufen, die dir aufgezeigt werden, Wahrheit schenkst. Damit gibst du deine Macht ab. In dem Moment, wo du erlaubst, dass dir gesagt wird, prophezeit wird, wie dein weiterer Weg, deine Geschichte sein wird, *gehörst du der Katz*, sorry. Denn du hörst mit deinen Ohren, du nimmst auf mit deinem Körper, du lässt es in dich einfließen, und sofort manifestiert sich ein Weg. Aber ist es dein Weg? Es mag der Weg vieler Menschen gewesen sein. Die Statistik halt. Aber, ist es nicht vielleicht so, dass ausgerechnet DU die Person sein wirst, die den Arzt oder die Ärztin Lügen strafen wird und die Statistik sprengst. Weil genau du gesund wirst, dein Weg zur Heilung anders verläuft oder du einen ganz anderen Heilprozess haben wirst. Das kannst du nicht wissen und der Mediziner erst recht nicht. Du bist ein Individuum, du bist einzigartig. Kein Abklatsch eines anderen Menschen, ergo kann man gar nichts wissen. Bitte, bitte lasse dir niemals von jemand sagen, wie dein Weg verlaufen wird. Egal worum es geht, ganz egal! Worte können wie Balsam oder eine Waffe sein, sie können dich heilen, sie können dich zerstören. Je nachdem, wie sehr du den Worten glaubst. Aber ganz egal, welche Worte gesprochen werden. Sie tun etwas mit dir. Sofort, tiefgreifend und auf ganzer Linie. Sie kommen sofort in deinem System an. Und nur du kannst darauf einwirken, dass das Ausmaß dessen, was sie anrichten, klein oder unbedeutend bleibt. Glaubst du nicht? Ok! Wir machen ein Experiment. Lies dir diese Sätze Wort für Wort durch.

Du bist ein wundervoller, schöner, lieber netter und wertvoller Mensch! Nochmal diesen Satz lesen ..., und nochmal. Jetzt schließe die Augen und wiederhole diesen Satz mehrere Male. Spüre in dich hinein. Spüre, spüre und jetzt bin ich mir sicher, es fühlt sich wundervoll an. Du bist es: Wundervoll, nett und wertvoll! Ok, jetzt möchte ich das gleiche mit diesem Satz machen:

Bist du ein Mann, dann lies das: „Du bist ein VERSAGER, du kannst nichts, du bist nichts!" Nochmal, und nochmal und nochmal. Augen schließen und jetzt lass das mal in dich einfließen. „Du bist ein VERSAGER, du kannst nichts, du bist nichts!

Wenn du eine Frau bist, lies das: Du wertloses MISTSTÜCK, du hässliches, fettes Weib! Nochmal lesen, nochmal lesen, nochmal. Und jetzt Augen zu und langsam laut diese Wörter sagen und in dich einfließen lassen.

So, und jetzt! Wie fühlte sich das an? MIR hat sich allein beim Schreiben schon der Solar Plexus zusammengezogen. Ich musste an mich halten, mir wurde übel. Konnte kaum ein Wort ohne Fehler schreiben, weil es mir körperlich weh tat. Jetzt schließe bitte schnell nochmal deine Augen und lösche alles, was du gerade zu dir gesagt hast. Dafür musst du dir jetzt das Gegenteil immer wieder sagen, und diese Worte in dich einfließen lassen: „Ich bin ein wundervoller, liebenswerter und einzigartiger Mensch. Ich bin liebenswert, klug, freundlich und nett. Ich bin wertvoll!"

Ich sage dir: „Du bist ein wundervoller, schöner, lieber netter und wertvoller Mensch!" Lese das so lange, bis sich dein System wieder regeneriert hat und du dich wohl fühlst!

Solltest du bei dieser kleinen Übung gar nichts bemerkt haben, fände ich das sehr schade. Denn dann hieße es, dass das deine Wahrheit ist und gar nichts dich davon aus deiner Mitte bringen kann, was ich mit dem Experiment sagen oder zeigen wollte. Um wie viel Mal schlimmer wären die Auswirkungen, wenn du eine Diagnose als wahr annimmst und dich sofort defensiv und unterwürfig verhältst. Verheerende Auswirkungen hätte es. Du hast die Wahl und es geht nicht darum, dass ich dich ermuntere oder auffordere, blind und dumm zu sein. Oder die Augen gegenüber der Realität zu verschließen. Sondern darum, dass ich dich dafür sensibilisieren möchte, zu hinterfragen. Dich selbst wahrzunehmen. Da steckt das Wort **wahr** drinnen. Also ist es wahr? Du kennst dich am besten. Und ich höre so oft von meinen Klienten, dass sie hinterfragen oder dass etwas sich nicht stimmig anfühlt. Dass sie eine andere Wahrheit empfinden, es sich aber nicht trauen zu sagen. Dass sie nicht widersprechen möchten. Nicht einem Arzt. Nun, wie gesagt, muss jede/r für sich entscheiden, aber eine Überlegung ist es in jedem Fall wert. Denn deine Gesundheit hängt unter Umständen davon ab, ob du eine Diagnose in dein System lässt. Und nur weil etwas in den Genen einer Familie verankert ist, sei es Krebs, Diabetes, Osteoporose, Herzinfarkt oder Schlaganfall, heißt das noch lange nicht, dass du die Familientradition fortführen musst. Du kannst auch aussteigen. So habe ich es getan. Ich habe weder die Familiendiagnosen, noch die von meiner Mutter prophezeiten Wechseljahresbeschwerden angenommen. Den Diabetes nicht, den Krebs nicht, die schlechten Blutwerte habe ich auch ausgeschlagen. Dafür bekam ich von einem Arzt vor etwa acht Jahren die Diagnose Hashimoto um die Ohren gehauen. Und er wurde nicht müde zu fragen, ob ich dies hätte und jenes hätte. Nach Aussage des Arztes müsste ich bei dieser Diagnose und den festgestellten Blutwerten fast auf den Knien daher rutschen und könnte vor Beschwerden kaum mein Leben führen. Ich kannte erfreulicher Weise diese Krankheit gar nicht, also tat es mit mir nichts. Ich fragte mich nur, ob das stimmten konnte, denn ich bin gesund wie ein Fisch im Wasser. Nun habe ich zwar mit den Laborwerten seit vielen Jah-

ren den „Beweis", dass ich „krank" bin. Ich muss schon wieder grinsen, beim Schreiben dieser Worte. Aber weder meine Schilddrüse noch mein Körper wissen was davon. Was halt blöde ist, denn somit habe ich kein einziges der vielen, vielen Symptome und Beschwerden, die diese Krankheit „normal" mit sich bringt. Ich bin ja ein lieber Mensch und gehe trotzdem alle heiligen Zeiten zum Überprüfen meiner Blutwerte. Aber das bringt die Ärzte halt immer wieder zum Haare raufen, weil ich *immer nie nicht keine* Symptome habe, obwohl „alles dafür spricht, dass es mir echt schlecht gehen müsste". Frech gell, mich einfach nicht in die Diagnose einfügen, das ist schon ziemlich aufmüpfig. So, und das alles und noch viel mehr gab ich also meinen Klienten mit auf den Weg. Eine Frau sprach sogar von „meinem Krebs." Denn sie war auch rebellisch und sagte der Ärztin, dass sie erst über eine Therapie verhandeln würde, wenn die Untersuchungsergebnisse in Form von Biopsien auf dem Tisch liegen würden. Und dass sie zuversichtlich sei, dass es nicht so schlimm aussieht, wie die Ärztin ihr weismachen wollte. Nun war die Ärztin erbost und ermahnte meine Klientin, sie solle das Alles nicht so auf die leichte Schulter nehmen und dem Ganzen etwas mehr Ernst zukommen lassen. Daraufhin war es dann mit der Rebellion auch schon wieder vorbei und die Angst kroch hoch. Sie rief mich dann an und wir sprachen darüber.
Das Krasseste, was mir jemals erzählt wurde, war das Erlebnis der Schwiegertochter einer Freundin von mir. Die Schwiegertochter war das zweite Mal schwanger und litt, wie beim ersten Mal, an extremer Schwangerschaftsübelkeit, „Hyperemesis". Es war der bundesweit schlimmste Fall schon zu Zeiten der ersten Schwangerschaft, und jetzt erging es der Frau noch schlimmer beim

zweiten Kind. Meine Freundin rief mich an und bat um Unterstützung, weil die Familie keinen Rat mehr wusste. Die Nahrungsaufnahme der Schwiegertochter konnte nur noch per Sonde erfolgen. Jeden Bissen, den sie zu sich nahm, erbrach sie stundenlang. Sie magerte ab, konnte keine Minute mehr schlafen, weil der Körper noch würgte und kämpfte, obwohl es keine feste Nahrung mehr gab. Nun wurde der Ehemann einberufen und ein Gespräch stand an. Die Ärzte berieten sich deutschlandweit mit ihren Kollegen darüber, wie man hier vorgehen konnte und was ein machbarer Weg wäre. Eine Ärztin kam ins Zimmer und teilte den werdenden Eltern mit, dass man keine Lösung gefunden hätte, es auch keine Medikamente mehr gäbe, die man in der Schwangerschaft verabreichen könnte, ohne das Baby zu gefährden. Die Mediziner wären mit ihrem Latein am Ende, so einen Fall hatte es noch nie gegeben. Nun sollten die beiden doch bitte mal darüber nachdenken, ob es bei weiter anhaltendem, gleichem Verlauf nicht eine Idee wäre, notgedrungen das Baby abzutreiben. In diesem Fall wäre das gesetzlich vertretbar ... Hallo! Geht's noch? Die beiden waren so fassungslos und durcheinander, so am Ende mit den Nerven, dass sie das tatsächlich in Erwägung zogen. An diesem Punkt rief mich meine Freundin an und ich sagte ihr alle oben genannten Gründe, bzw. meine Sichtweisen und sie gab es weiter an ihren Sohn und dessen Frau. Die beiden beschlossen, dass eine Abtreibung keine Option sei. Ferner „arbeiteten" wir im Heilkreis mit Fernheilung und ich übte noch ein paar andere Methoden aus der Ferne aus, mitunter Heilgebete und dergleichen. Kurz und gut. Fast täglich besserte sich der Zustand ein bisschen. Erst konnte sie wieder etwas schlafen, der Körper würgte nicht mehr, der Magen beruhigte sich ... Aber es geht mir nicht darum aufzuzeigen, dass ich gute Arbeit gemacht hätte. Ich bin überzeugt davon, dass die geänderte Sichtweise, der andere Blickwinkel heilend wirkten, als auch, dass die geistige Welt „von oben" half. Und vor allem nahmen die werdenden Eltern ihre Macht wieder in die Hand. Waren zuversichtlicher und guter Hoffnung, dass alles gut werden würde. Und das wurde es. Sie gingen aus der Lethargie und ließen nichts mehr mit sich machen, sondern handelten, indem sie beschlossen, dass es auch anders gehen würde. Kurze Zeit später konnte die Mama in spe das Krankenhaus verlassen, weil doch noch ein Medikament gefunden wurde, das sie gut vertrug. Und vor kurzem kam ein kleiner, gesunder Junge zur Welt.

Hier ein Auszug einer Mail, die mich während des Schreibens dieses Kapitels erreichte. Ich habe nur den Namen durch Pünktchen ersetzt, sonst alles im Original gelassen.

Originalschrift Klientin: *Vielleicht erinnerst Du Dich an meine Freundin ..., sie bekam vor ca. 1 Jahr die Diagnose Lungenkrebs mit Metastasen im ganzen Körper. Ein Arzt teilte ihr mit, sie solle ihre Angelegenheiten bis Weihnachten geklärt haben ..., danach ließ man sie drei Wochen im Krankenhaus dahinvegetieren ..., (ohne weiteren Arztbesuch) - wir holten sie aus dem Krankenhaus heraus. Innerlich und äußerlich aufgepäppelt, durfte sie dann zur Chemotherapie. Sie nahm die Diagnose so nicht an, wollte auch keinerlei Befunde mehr wissen, und ernannte jetzt die Chemo zum Freund und Helfer und auch Du hast sie in deine Heilgebete mit aufgenommen. Wir haben nichts unversucht gelassen, soweit ihre Kräfte reichten. Okay, es war eine Erfahrung, welche sie nicht mehr benötigt, sie genießt jetzt das Leben, arbeitet wieder und kann meckern ...*

An dieser Stelle muss ich einfach mal die Ärzte unter euch ansprechen. Und ich bin zuversichtlich, dass es ein paar sind. Bitte, bitte achtet auf eure Worte, wenn ihr euren Patienten schlimme Nachrichten zu vermelden habt. Es kann doch nicht sein, dass so tiefgreifende und erschreckende Mitteilungen nicht sanfter und liebevoller überbracht werden können. Das, was meinem Papa, diesen und anderen Klienten widerfuhr, die Art und Weise wie sie in Kliniken und Arztpraxen „behandelt" werden und wurden, ist aus meiner Sicht unverantwortlich und hinterlässt für immer Ängste und tiefe Spuren. Ärzte/innen, bitte nehmt euch die Zeit, redet wertschätzend auf Augenhöhe und behandelt eure Patienten nicht wie unmündige Kinder. Sorry, aber das muss auch mal erlaubt sein. Ich schere nicht alle Mediziner über einen Kamm, aber viele der Schulmediziner sitzen immer noch auf einem sehr hohen Ross und verbreiten Angst und Schrecken. Oder aber sie nehmen die Menschen erst gar nicht ernst, lassen sie binnen weniger Minuten abblitzen. Zu meiner Zeit war das nicht so. Meine früheren Chefs nahmen sich Zeit, waren einfühlsam und besprachen alles ausführlich mit ihren Patienten.

ABER, es ist auch wichtig, dass Patienten endlich aufhören die Verantwortung für Ihre Gesundheit bereits an der Garderobe der Arztpraxis abzugeben und zu allem Ja und Amen sagen. Du bist für dein Wohl verantwortlich. Du spielst mit, wenn du in der Praxis wie ein Kind behandelt wirst oder nur spärliche Informationen erhältst. Wehre dich und mach dir klar, dass du ein Recht hast, den besten Weg für deine Gesundheit einzufordern.

Doch nun zurück zu meinen Klienten mit den schlimmen Diagnosen. Es folgten einige Coachings, auch spirituelle Heilarbeit, manchmal ein kurzes Telefonat. Und immer wieder die Aufforderungen meinerseits, hinzuschauen und hinzufühlen, um herauszufinden, was will der Körper, respektive die Seele mittels dieser „Krankheit" mitteilen. Wir nannten die Erkrankung im Gespräch auch nie beim Namen. Nur „die Herausforderung, die Baustelle, das Ärgernis." Und sie bekamen von mir Impulse, wie sie sich zu Hause, in der Arbeit oder auch in Wort und Gefühl verhalten können. Nämlich dieser Erkrankung keinen Raum geben durch Jammern, Ängste oder ausführliche Recherchen. Nur das, was nötig war aus medizinischer Sicht, wie Untersuchungen oder ggf. Medikamente. Sie sollten darauf achten, dass die „Diagnose" keine Nahrung bekommt und auch im Bewusstsein ihrer Familie und dem Freundeskreis nicht vorrangig ist. Sie hielten sich daran und es geht ausnahmslos allen gut.

Nun sind viele Monate ins Land gezogen und ALLE sind gesund. Keine/r meiner „Schützlinge" wurde wirklich krank, bzw. nahm die Diagnose an. Einige brauchten nur kleine Therapien. Sehr zum Erstaunen der Mediziner. Einige waren so baff, dass sie noch viele Tests hinterher schoben, nur um sicher zu gehen. Aber meine Klienten ließen sich nicht mehr ins Boxhorn jagen. Was war geschehen? Ganz einfach. Die Diagnose wurde nicht angenommen, konnte sich im System nicht festkrallen und dort wüten. Stattdessen sprachen wir darüber, was diese Situation mitteilen möchte. Wo in Wirklichkeit die Schieflage im Leben war. Warum die Seele hier über den Körper Signale sendete. Denn in Wahrheit ist es immer die Seele, die etwas zum Ausdruck bringen möchte.

Wenn wir uns um unsere Baustellen im Leben nicht kümmern und diese ignorieren, dann beginnt die Seele Signale zu geben. Zuerst ganz sanft und dann immer stärker. Alle meine Klienten hatten eines gemeinsam. Sie ignorierten fleißig. Schauten weg statt hin. Hörten weg, redeten sich etwas schön oder blieben einfach unbeweglich in der Komfort-Zone. Und diejenigen, die dann vom Arzt eine Backpfeife in Form einer schlimmen Diagnose bekamen, hatten sehr lange dieses Spiel gespielt. Also mussten sie jetzt wach gerüttelt werden und es dauerte nie lange, bis wir den Grund der Ursache aufspürten. Und wenn man das erst mal erkannt hat, kann man die Schieflage ändern, verbessern oder sogar auflösen. Und alle hatten das ganz fleißig gemacht. Und erfreuen sich jetzt bester Gesundheit. Was nicht heißen soll, dass es immer so ist. Natürlich wird auch oft eine Diagnose einfach bestätigt werden, obwohl alles so gemacht wurde, wie eben beschrieben. Aber auch dann hast du zwei Möglichkeiten. Bist du ein Opfer und gehst ins Drama. Oder packst du die Gelegenheit und wächst über dich hinaus. Du hast die Wahl!

Ich bin die Letzte, die die Schulmedizin verteufelt. Nein, ganz im Gegenteil. Oft ist es sicher genau der richtige Weg. Und selbstverständlich kann es sein, dass auch drastische Methoden wie Chemotherapie oder Operationen von Nöten sind. Aber wer sagt, dass nicht auch in solchen Situationen alternative Heilmethoden oder spirituelles Heilen unterstützen können. Die Schulmedizin bewahrte meinen Mann vor dem Rollstuhl, als er im Nov. 2015 bei der Arbeit schwer verunglückte. Zwei zerschmetterte Wirbel hätten unweigerlich ohne OP schlimme Folgen gehabt. Hier war es selbstverständlich, dass ohne Wenn und Aber die notwendigen Operationen erfolgen mussten. Für mich war es jedoch klar, dass ich mit Walters Einverständnis meine Mädels aus dem Heilkreis um Unterstützung bat. Und wie sollte es anders sein? Die Ärzte waren nach den Operationen mehr als erstaunt. Originalton eines Arztes: „Liebe Frau Plößer, ich bin sehr zufrieden mit dem Ergebnis. Genau genommen verlief die OP um vielfaches besser, als wir es uns hätten vorstellen können." Walter erzählte mir, dass ihn die Ärzte bei der Visite nur als Glückskind titulierten. Glückskind deshalb, weil der Heilverlauf so dermaßen gut war, dass sie es kaum fassen konnten. Natürlich wussten sie nicht, dass im Hintergrund viele fleißige Heilerinnen den Heilverlauf unterstützen. Im Anschluss an den KH-Aufenthalt musste Walter zunächst einige physikalische Therapien durchlaufen, um danach eine Reha-Maßnahme anzutreten. Und wie sollte es anders sein? Am Ende dieser Maßnahme gab es doch tatsächlich wieder eine Ärztin, die ihm Stein auf Bein „versprach" bzw. „prophezeite", dass er nie wieder auf dem Bau arbeiten könnte. Und dass sie dies so im Entlassungsbericht schreiben müsste. Es gäbe keine Möglichkeit zur vollständigen Rehabilitation. Sie würde es sehr bedauern, aber sie müsse ihm nahelegen, sich einen anderen Beruf zu suchen. Walter wehrte sich gegen diese Prognose und widersprach vehement. Um diese Diagnose doch noch in seinen Kopf hineinzubringen, veranlasste sie, dass er nochmals mit einem anderen Arzt sprechen müsste. Dieser andere Arzt machte Walter darauf aufmerksam, dass er die Sichtweise seiner Kollegin teilen würde, jedoch würde er verstehen, wenn Walter es zumindest ausprobieren würde, wieder auf dem Bau zu arbeiten. Lange Rede, kurzer Sinn: Bereits im März 2016 fing er wieder im Baugewerbe zu arbeiten an. Schrittweise und mit wenigen Stunden. Zwischenzeitlich ist er wieder ganztags und Vollzeit auf dem Bau tätig. Auch dies ist wieder ein klassisches Beispiel, wie sehr Ärzte dazu neigen, Prophezeiungen und Prognosen auszusprechen, die oft Lügen gestraft werden. Denn wenn der Patient nicht bereit ist, die Wahrheiten jener Ärzte zu übernehmen und ins System einzuspeichern, dann eröffnet sich ein vollkommen anderer Weg. Nämlich der Weg, den die Seele gehen möchte. Wäre mein Mann ein anderer, dann hätte er möglicherweise sofort klein beigegeben und wie ebenfalls von der Ärztin angedacht, einen Rentenantrag gestellt. Dies ist übrigens das zweite Mal in ähnlicher Weise. Bereits 2007 bekam er aufgrund einer Wirbelsäulen-OP nach Bandscheibenvorfall diese Prognose. Damals war es auch eine Ärztin, mit der er sich dann sogar etwas zoffte. Sie wollte nämlich darauf bestehen, ihn in einem Baumarkt als Verkäufer in eine Wiedereingliederungsmaßnahme zu buxieren. Er weigerte sich vehement und suchte sich stattdessen einen Sachbearbeiter bei der Krankenkasse und beim Arbeitsamt, die ihn begleiteten und ihm halfen, sich selbständig zu machen. Seitdem ist er selbständig und arbeitet nach wie vor auf dem Bau und im Haus-u. Gartenbaugewerbe.

Um es auf den Punkt zu bringen; Wenn du selbst betroffen bist und eine schwere Erkrankung hast, dann hilft es nichts, dies zu leugnen und wegzuschauen. Einfach blauäugig sein, und den Kopf in den Sand zu stecken, wird dich nicht weiter bringen. Selbstverständlich gibt es Krankheiten und auch Erberkrankungen, die muss man einfach annehmen und das Beste daraus machen. Hier empfehle ich ausdrücklich, jede Form der schulmedizinischen Unterstützung und Heilmethoden zu nutzen. Aber in der Eigenverantwortung und mit einem ganzheitlichen

Ansatz. Körper, Geist, Seele sind eine Einheit. Und darum brauchen alle Anteile Hilfe und Unterstützung.

Ich werde nicht müde werden, daran zu glauben, dass einmal ein Weg gefunden wird, auf dem die Schulmedizin und die Alternativmedizin zusammen mit der spirituellen Heilung Hand in Hand gehen. Einen Weg, den die Mediziner, Heiler, Homöopathen zusammen auf Augenhöhe mit den Erkrankten gehen. Einen Weg, bei dem gemeinsam die beste und schonendste Therapie herausgefiltert wird, und alle miteinander das Beste für den Patienten wollen. Auf dem es keine Konkurrenz und müdes Lächeln über die Methoden des anderen Gesundheits-Begleiters gibt. Einen Weg, wo sich Schulmedizin und jede Form von Heiler/n/innen wertschätzend begegnen und nur das höchste und beste Wohl des Hilfesuchenden im Auge und Herzen haben. Dieser Tag wird kommen, das weiß ich sicher. Denn der Anfang ist bereist gemacht. Ich kenne Ärzte/innen, die sich mit Heiler/innen und Homöopathen/innen zur Gemeinschaftspraxis zusammen geschlossen haben. Ich kenne welche, die sich von mir beraten lassen, oder „heimlich" zu Paul Meek in die Ausbildung gehen. Ich kenne Psychologen und Humanmediziner, die eine Zusatzausbildung als Heilpraktiker haben. Ich kenne Ärzte, die Akupunktur, Bachblüten, Schüssler Salze, Matrixheilung, Hypnose und andere alternative Methoden nutzen. Und ich kenne einen Arzt, der seine schulmedizinische Praxis zugunsten einer alternativen Heilpraxis aufgegeben hat und nun konsequent ohne Gerätemedizin arbeitet. Aber mit seinem ganzen Wissen und 30jähriger Berufserfahrung als Facharzt für Allgemeinmedizin im Hintergrund.

Wenn das kein Grund zur Hoffnung ist?!!

Suizid

Am 24.10.1982 beging ich Suizid. Ja, du hast richtig gelesen. Ich nahm mir das Leben. Wie du sicher schon vermutest, ist das nicht gelungen. Doch, ist es schon. Aber nicht im eigentlichen Sinn. Ich lebe noch. Warum? Ehrlich, das weiß ich bis heute nicht. Die Menge an bunt gemischten Tabletten, die ich einnahm, hätte einen Elefanten ins Jenseits befördert. Mich nicht. Doch als ich wieder erwachte, gefesselt ans Bett, hundeelend und schwarz von der Kohle im Gesicht, wäre ich am liebsten wieder ins Nirwana zurückgekehrt. Warum? Ich blickte in die Gesichter meiner Familie. Den Schmerz, das Grauen, das Unverständnis, die Fragezeichen und die Fassungslosigkeit werde ich niemals wieder vergessen. Bis ins Mark trafen mich die Empfindungen meiner Mama, und auch die Augen von Papa sind mir noch lebhaft in Erinnerung. Die Eindrücke dieser Tage haben die Petra der Vorzeit für immer ausgetilgt. Ich war danach nie wieder die, die ich vorher war. Zu tief saß die Erkenntnis, die ich erlangte, als ich in die Gesichter meiner Familie sah. Warum hatte ich das gemacht? Ich weiß es heute nicht mehr so genau. Was ich aber noch sehr gut weiß, dass es gar nichts Weltbewegendes gewesen war. Ich hatte Liebeskummer, Stress in der Schule und in der Arbeit. Meine Familie brach auseinander, mein Selbstwert war im Keller. Ich mochte mich selbst nicht und ging davon aus, dass niemand anderes mich mochte. Dass ich unwichtig, ungeliebt und nur eine Last für die Menschen sei. An dem Abend hatte ich Streit mit meinem Freund, am nächsten Tag stand eine weitere Arbeitswoche und in der Berufsschule Prüfungen an. Die Welt erschien mir kalt, ungemütlich und ich wollte nicht länger diesen Umständen ausgeliefert sein. Da fand ich es eine gute Idee, alle Tabletten im Haus zusammenzusuchen und mit einem großen Glas Wasser hinunterzuwürgen. Als ich erwachte, war ich im Krankenhaus und sah eben in jene Gesichter. Der Suizid war gelungen. Die frühere Petra war mit den Tabletten gestorben. Ich war zwar körperlich noch anwesend, doch das war auch schon alles. Ich schämte mich zutiefst. Und ich spürte die Schuldgefühle, die tausend Fragen, die Ängste meiner Eltern fast körperlich. Wann immer in nächster Zeit etwas im Ungleichgewicht war, hatten meine Eltern sofort Angst, dass ich „es wieder tue". Aber zunächst musste ich erst mal zum Psychologen. Und nur wenn dieser mir bescheinigen würde, dass ich „außer Gefahr" war, würde ich einer Therapie entgehen. Ich muss sehr überzeugend gewesen sein, denn bereits nach einem Termin bekam ich die Bescheinigung. Allerdings meinte ich es zutiefst ernst mit meiner Aussage, dass ich niemals wieder etwas Derartiges machen würde. Der Psychologe muss bemerkt haben, dass ich selbst zutiefst erschüttert darüber war und es kaum fassen konnte, dass ich das getan hatte. Damals wurde mir bewusst, dass dies große Spuren in meine Familie gezeichnet hatte. Und für mich selbst war nichts mehr so wie vorher. Ich erfuhr, welch tiefe Verletzung durch solch eine Handlung bei den Menschen entstand, die ich doch über alles liebe. Das konnte ich nicht mehr ungeschehen machen. Alle um mich herum machten sich Vorwürfe. Darüber, dass sie die Zeichen nicht erkannten, darüber, dass sie es nicht kommen sahen. Und auch wegen ihres Verhaltens mir gegenüber. Mein Freund, meine Chefs, meine Freundin, meine Familie, ja sogar die Familie meines Freundes. Mein Opa hatte mich gefunden und war so bestürzt, dass er nur noch mit Sorgenfalten umher lief. Doch ganz ehrlich. Niemand hätte es verhindern können. Es war nicht so, dass man es hätte kommen sehen können, oder dass auch nur einziger Mensch dafür verantwortlich gewesen wäre. Das war ich ganz allein und ich selbst wusste es auch erst, als es „geschah". Ich hatte es nicht geplant und erst nach dem Streit mit meinem Freund fiel diese Entscheidung binnen Sekunden. Damals überlegte ich viele Stunden, was mich dazu bewog. Welches Puzzle-Teilchen der Auslöser war. Ich kam nie darauf und tat es irgendwann als eine Erfahrung ab, auf die ich und auch meine Familie gut hätte verzichten können. Heute sehe ich durchaus einen Sinn in dieser Erfahrung. Zum Einen war da die Zeit, als unser Dominik verstorben war. Sofort waren wieder alle in Aufruhr und von Ängsten geplagt. Lange Zeit konnte ich in den Gesichtern meiner Familie die eine Frage lesen. „Müssen wir Angst haben. Machst du eine Dummheit. Besteht die Gefahr, dass du dir das Leben nimmst?" Ich muss gestehen, der Gedanke war da. Aber durch die Erfahrungen in meiner Jugend und dem Wissen, was ich damit ausgelöst hatte, war das gar keine Option. Zum Anderen ist da jetzt meine Berufung als Medium, spirituelle Lebensberaterin und Lebenscoach. Wie so viele Ereignisse meiner Kindheit, dem Jugendalter, meinem Erlebten aus vergangener Zeit, dient es mir heute in meiner Arbeit. Wie oft kann ich aus eigener Erfahrung, durch eigenes Erleben mit meinen Klienten/innen reden und dabei authentisch sein. Kann wahrhaftig sagen: „Ich verstehe dich, ich habe ähnliches erlebt oder durchgemacht." Wie oft fühlen sich die Menschen sofort zu mir hingezogen, weil sie in mir jemanden erkennen, der sie nicht verurteilt oder bemitleidet. Das kann ich nur, weil ich eben selbst viele Hürden in meinem Leben angenommen hatte. Sehr oft kommen zu einem Sitting (Jenseitskontakt-Sitzung) Hinterbliebene von Menschen, die freiwillig aus dem Leben schieden. Und immer steht die Frage „WARUM" im Raum. Dieses eine Wort ist das wichtigste Element in der Verarbeitung und Trauerbewältigung bei Angehörigen, die jemanden durch Suizid verloren haben. Weiterhin fragen sich fast alle Hinterbliebenen: „Hätte ich es verhindern können, bin ich schuld?" So absurd das in manchen Fällen auch sein mag. Es ist völlig normal und für mich auch vollkommen logisch, dass sich jemand diese Frage stellt, der/die einen geliebten Menschen durch den freiwilligen Tod verlor. Jede/r Betroffene muss für sich selbst eine Antwort finden, mit der er oder sie weiterleben kann. Stellt man sich nun die Frage, ob auch ein Suizid im Lebensplan verankert sein kann, so möchte ich dazu folgendes sagen. Keine Seele stirbt aus Versehen, keine Seele stirbt früher als geplant, und jede Seele stirbt mit Absprache aller beteiligten anderen Seelen. Das heißt für mich, dass es gar nicht passieren kann, dass jemand freiwillig aus dem Leben scheidet, obwohl dies nicht so angedacht war. Umgekehrt ist es natürlich genauso. Wenn ein Suizid missglückt, und die betroffenen Personen den gewählten Freitod überleben, ist dies genauso geplant. Denn wenn eine Seele wirklich gehen möchte, wird sie einen Weg finden. Für mich steht fest, dass auch ein Suizid, egal ob geglückt oder misslungen, bereits im Lebensplan angedacht war. Denn dieses hat immer große Auswirkungen. Sowohl auf die Person selbst, als auch auf ihr Umfeld. Geht jemand freiwillig aus seinem Leben, hinterlässt dies für immer Spuren im Leben aller Hinterbliebenen. Selbst Freunde und Kollegen, Nachbarn und Bekannte werden davon betroffen sein. Auch wenn es nicht gelingt, freiwillig aus dem Leben zu scheiden, wird es Spuren hinterlassen. So oder so hat es Auswirkungen. Welche Gründe hinter diesen Plänen stehen, können nicht verallgemeinert werden. Doch diese können sehr vielfältig sein, je nachdem wen es betrifft. Mutter und Vater, Partner, Geschwister und Großeltern, werden am meisten betroffen sein. Und jeder dieser Personen wird auf seine Weise das Erlebte verarbeiten müssen. Manches Mal kann es auch sein, dass ein Mensch, der freiwillig aus dem Leben ging, einen Liebesdienst an seine Mitmenschen gab. Denn somit wird die Möglichkeit geschaffen, dass die Betroffenen aufgrund der erlebten Ereignisse ihr Leben selbst positiv verändern können. Auch hier hat jeder immer die Wahl. Opfer oder Drama? Akzeptanz und abschließen?

Ich kenne solche und solche Familien. Einige haben nach bestimmter Zeit einen guten Weg gefunden, um das Erlebte abzuschließen und zu verarbeiten, andere wiederum leiden noch nach Jahrzehnten.

Ich finde es so wichtig, den Lebensplan und die Seelenwege anderer Menschen wertzuschätzen und auch zu würdigen. Es muss uns nicht gefallen, was andere mit und aus ihrem Leben machen. Wichtig ist immer nur der Fortschritt, das Lernen, die Erkenntnis. Und auf welche Art und Weise die jeder einzelne Mensch für sich entdeckt, geht niemanden anderen etwas an. Ich muss nicht verstehen, weshalb jemand dies so oder so macht, sondern ich habe es zu akzeptieren und gegebenenfalls zu respektieren. Ich kann nicht wissen, wie wichtig bestimmte Erfahrungen im Leben eines anderen sind. Alles was wir wissen müssen, ist, dass jede Seele sich etwas bei ihrer eigenen Lebensplanung gedacht hat. Und dass alle Lebenspläne miteinander verwoben sind, um miteinander zu wachsen und zu lernen. Nichts in unserem Leben geschieht zufällig, nein, es fällt dir etwas zu. Möglichkeiten, Chancen, Ideen. Aber auch Unglück, Pleiten, Pech und Pannen. Und aus allem kann man etwas machen und für seine persönliche Entwicklung nutzen. Solltest du also nun selbst persönlich betroffen sein und einen Suizid, einen Suizidversuch, oder auch ein anderes Unglück verarbeiten müssen, möchte ich dich um eines bitten. Wertschätze und segne diese Situation. Achte dich selbst, denn du hast auf einer anderen Ebene bereits vor langer Zeit zu diesen Plänen Ja gesagt. Du, respektive deine Seele, hattet euch etwas dabei gedacht. Was könnte die größtmögliche Weiterentwicklung durch diese Erfahrung sein? Das, was dir als erstes in den Kopf kommt, trifft es vermutlich genau auf den Punkt.

Und um eines möchte ich dich von ganzen Herzen bitten: „Gib dir niemals selbst die Schuld. Mache dir keine Vorwürfe. Hinterfrage nicht, ob du etwas ändern hättest können." Denn eines weiß ich sicher, nichts und niemand kann Einfluss auf unsere, von uns ausgearbeitete Lebenspläne nehmen. Wenn im Plan einer Seele vorgesehen ist, etwas Schreckliches zu erleiden, oder auch zu erleben, wird die Seele immer einen Weg finden, dies umzusetzen. Die Seele wertet unsere Erfahrungen nicht in gut oder schlecht, richtig oder falsch, sondern immer nur nach dem höchstmöglichen Erfahrungswert und die daraus gezogenen Erkenntnisse. Das Bestreben unsere Seele ist immer Fortschritt, Wachstum, Erkenntnis und der nächste Quantensprung.

Und wieder geht es nicht darum, dass unser Weg fest vorgeschrieben und in Stein gemeißelt ist. Nein! Es geht darum, dass du einen Plan verfolgst und du selbst bestimmst, auf welche Weise und auf welchen Wegen du diesen Plan umsetzt. Wenn also in deinem Plan steht, dass du mit einem der genannten Themen konfrontiert werden würdest, ist das so. Aber du hast die Möglichkeit das Beste daraus zu machen. Ja, ich weiß. Wie kann ich sowas auch nur sagen, dass du dir das selbst in dein Lebensbuch geschrieben hättest. Nein, nein und nachmals nein! Ok, deine Entscheidung. Wenn du dich weigerst und auf Konfrontationskurs mit deiner Seele bist, ist das auch in Ordnung. Vielleicht kommt eines Tages der Moment, wo du erkennst, dass es doch so ist. Und wenn nicht, macht das auch nichts. Hauptsache ist: DU findest einen guten Weg, um mit deinen Erfahrungen, Dramen und Traumatas zu leben …, gut zu leben. Die Erfahrung abzuschließen und weiter zu gehen. Darum geht es. Egal, ob du glaubst, dass das von dir kreiert wurde oder nicht.

Wie ist das übrigens mit den tollen, reichhaltigen und schönen Erlebnissen in deinem Leben? Wer ist dafür verantwortlich. Bei vielen Leuten beobachte ich, dass sie sich dies selbst auf die Fahne schreiben, sich dafür loben? Komisch, dass die Menschen es gerne auf sich nehmen, wenn etwas gut gelungen ist, aber wenn die Katastrophe über uns herein bricht, hat nie jemand damit etwas zu tun. Dann ist es Gott, die Anderen oder das böse Schicksal. ;-)

Habe ich mir meine Eltern selbst ausgesucht?

Ja, ja, ja! Eltern, Geschwister, Großeltern, beste Freunde, Chef und alle uns prägenden Menschen im Umfeld haben wir uns selbst ausgesucht und ihnen die entsprechende Rolle in unserem Leben zugeteilt. Nicht immer mögen diese darüber begeistert gewesen sein, manch eine Seele wird entrüstet und vehement dieses Angebot abgelehnt haben. Denn diesen Geschöpfen kommt in unserem künftigen Leben immer eine ganz besondere Aufgabe zu. Und nicht immer ist diese Aufgabe schön. Nicht immer werden sich die Figuren in ihrem Auftrag mit Ruhm bekleckern und geliebt dafür sein, dass sie diese Rolle bedienen. Stelle dir wieder den Regisseur in einer Theatergruppe vor. Er wird genau überlegen, wer die beste Besetzung für die entsprechende Figur sein wird. Genauso bist du vorgegangen, als du dein Leben geplant hast. Du als Seele, hast gewusst, welche Lernschritte im nächsten Leben von dir gemacht werden wollen und so wurde dafür eine Seele gesucht, die dies perfekt unterstützen würde. Da Erkennen, Erkenntnis und das Lernen selten ausschließlich durch positive Erlebnisse bewirkt werden, steht meist im Vorfeld schon fest, dass mit Annahme der zugedachten Aufgabe unangenehme und unschöne Konflikte auf alle beteiligten Seelen zukommen werden. Darum kann es durchaus sein, dass sich deine jetzt im Leben befindliche Mutter oder Schwester, dein Vater oder Bruder bei deiner vorgeburtlichen Lebensplanung zunächst gewehrt haben, in diese Rolle zu schlüpfen. Da sie es aber dennoch taten, kannst du davon ausgehen, dass sie die Besten für dein Lebenswerk sind. Deine Eltern und Geschwister sind deine

Lehrmeister, deine Diener, deine Helfer, deine Heiler und liebsten Seelen-Verbündeten im Jenseits, beziehungsweise in der Feinstofflichen Welt. Nur deshalb hattest du ihnen zugetraut, dass sie ihren, von dir zugedachten Auftrag in deinem physischen Leben, im höchsten Maße perfekt meistern würden. Sollte zwischen dir und deinen Eltern, Großeltern oder Geschwistern ein hoher Stresslevel vorhanden sein, ist es fast sicher, dass du hier große Wachstumschancen hast. Vielleicht ist dir auch schon bewusst, um welche Lektionen es geht. Es wird dir nicht dienen, wenn du dich aus dieser Situation herauswinden möchtest, denn dann entfliehst du allen Möglichkeiten zum Bewusstwerden deiner Kernlektionen. Die Konflikte im Elternhaus und die mit den nächsten Verwandten stehen meist stellvertretend für große Möglichkeiten zum Wachstum und Lernen. Solltest du hier irgendwelche Strategien entwickelt haben, um darum herumzukommen, wird dir an anderer Stelle dieses Thema um die Ohren fliegen. Also lasse dich auf die Prüfung oder Lektion einfach ein. Ich weiß, dass das nicht immer leicht sein wird. Ich weiß, dass du oftmals keine Lösungsansätze haben wirst. Und ich verstehe, dass du es vielleicht auch leid bist, dich damit zu befassen. Ich mache dir da auch gar nichts vor, dass es damit schon getan sein wird. Aber ich möchte dich dennoch dazu ermutigen, es zu versuchen. Denn wenn wir anerkennen, dass wir uns hier selbst in die Bredouille gebracht haben und niemand anders sonst, dann haben wir im Umkehrschluss als einzige die Werkzeuge und die Schlüssel dafür, es wieder zu richten, es zu ändern und zu verbessern. Darin sehe ich ein Geschenk, das wir uns hierher auf die Erde mitgebracht haben. Wir haben die Eigenmacht, die Schöpferkraft zum einen und sind zum anderen auch auf niemanden angewiesen. Wir müssen nicht auf die Gnade oder Erlaubnis eines Dritten warten, um aus einer Situation herauszugehen. Alleine der Beschluss bewirkt schon etwas, denn wir leben in einem Resonanzprinzip. Alles, was wir machen, denken und fühlen, schwingt in unserem Resonanzkörper. Der Resonanzkörper ist dein System. Also Körper, Geist und Seele. Zu deinem Energiesystem gehört auch dein Aurafeld. Alles, was dort schwingt, erzeugt sozusagen einen energetischen Anziehungsstrom. Dieser schwingt dort im Einklang, wo er auf Gleiches trifft. Also, das was du denkst, sucht sich seinen Weg gemäß der Schwingung, die es ausstrahlt und holt somit etwas in dein Leben, das auf gleiche Weise schwingt, bzw. womit es in Resonanz gehen kann. Wenn du also nur versuchst, etwas zu ändern, nur daran denkst, dass du etwas ändern möchtest. Die Bereitschaft hast und darüber nachdenkst, dass du es verändern wirst, dann reicht das schon aus, um ein Schwingungsfeld, ein Resonanzfeld zu formen, welches das, worüber du nachdenkst, auch in dein Leben holt. Und ich spreche nicht von irgendwelchen Bestellungen beim Engelversandservice. Das ist meiner Meinung nach eher nicht so hilfreich. Denn dies hält dich wieder in der Warteschleife und du bist erneut den Umständen ausgeliefert. Schließlich musst du warten, bis der richtige Engel, zur richtigen Zeit, das Richtige für dich tut. Oder so ähnlich. Was nicht heißt, dass es nicht funktioniert. Ich weiß, dass alle diese Techniken mit dem Engelversand hervorragend klappen und ich mache es seit vielen Jahren, aber eigene Lebensthemen können sie dir nicht abnehmen. Denn auch mit der von dir erteilten Erlaubnis, dass sich deine Engel oder Meister in dein Leben einbringen dürfen, werden sie es nicht tun. Denn sie wissen um die Wichtigkeit der eigenen Entscheidungen und halten sich hier immer zurück. Ich spreche von Beschlüssen und Verfügungen für dein Leben, die du für dich triffst. Und die Bereitschaft aus der Komfortzone herauszutreten. Den Mut für Veränderung. Das schafft sofort eine Strömung für Neues. Wenn du dann eine Bestimmung für dich getroffen hast, kannst du natürlich um Unterstützung durch die geistige Welt bitten, diese wird dir fast unmittelbar zuteilwerden. Meine Idee dazu wäre folgende: Lasse dich darauf ein und spüre, worum es im Konflikt mit deinen Verwandten wirklich geht. Dort, wo sie dich antriggern und dir auf die Nerven gehen, ist dein Schwachpunkt. Hier kannst du ansetzen. Welche Botschaften, welche Gefühle und Ängste löst dieses Thema bei dir aus. Wenn du hier eine Antwort gefunden hast, habe ich folgenden Impuls: Setze dich hin, gehe in deinen inneren Herzensraum, komme zur Ruhe. Segne die entsprechenden Personen, vielleicht Mama oder Papa, und danke Ihnen dafür, dass sie auf anderer Ebene bereit waren, dir in dieser Sache zu dienen. Achte und wertschätze sie in deinem Inneren dafür, dass sie die Rolle, die du ihnen zugedacht hast, angenommen haben. Segne die Situation als solche und wertschätze dich selbst ebenso. Denn auch du kannst dir Respekt und Achtung dafür zollen, dass du dich bereit erklärt hast, diese Lektionen anzunehmen. Dann vergegenwärtige dir, worum es konkret geht. Wenn du hier eine Antwort gefunden hast, sage dir innerlich, dass du bereit bist, diese Lektion und die entsprechenden Lebensumstände anzunehmen. Bitte innerlich um Führung und Heilung dieser Angelegenheit. Spreche innerlich die Worte. „Ich vergebe dir und mir und erkenne an, dass ich selbst es war, die/der dich mit dieser Aufgabe betraut hat." Genau in diesem Moment übernimmst du selbst die Verantwortung. Genau in diesem Moment bist du wieder in deiner Schöpferkraft und in deiner eigenen Macht. Fortan hast du es in der Hand, wie du mit der gegenwärtigen und künftigen Situation umgehst. Ganz egal, worum es im Detail geht, alle Beteiligten werden deinen Segen spüren. Und es wird sich unmittelbar etwas verändern. Die Veränderung wird in jedem Fall positiv für alle Beteiligten sein, möglicherweise findest du auch sofort Lösungs- und Veränderungsansätze. Und an dieser Stelle kannst du die geistige Welt einladen und um Hilfe bitten.

Die Engel und feinstofflichen Helfer werden bereitwillig alle Unterstützung geben. Denn du bist jetzt in deiner Macht, hast eine Entscheidung getroffen, den entsprechenden Beschluss gefasst und bist schöpferisch tätig. An diesem Punkt frohlockt die ganze Engelsschar vor Freude. Denn sie lieben es, wenn wir das Schöpferprinzip leben und aus den Umständen heraustreten und etwas *machen*. Machen hat mit Macht zu tun. Somit gehst du in die Eigenmacht und lässt nicht mehr andere in deinem Leben machen. Du verstehst? Gut!

Wenn Gutes und Böses dir widerfährt

Was ist gut, was ist böse? Das kommt immer auf deine Sichtweise an. Zunächst **ist** etwas einfach. Etwas passiert. Etwas geschieht nicht. Jemand sagt etwas, jemand schweigt. Es ist. Ohne Wertung. Erst wenn der menschliche Verstand dazu kommt, wird es in eine Schublade getan. Es wird bewertet und bekommt einen Stempel. Gut, schlecht, schön, hässlich, böse, gemein, lieb, nett. Gelungen, misslungen. Die Seele wertet nicht. Niemals. Darum können wir niemals versagen, wir können aber auch nie gewinnen. Alles, was wir machen hier auf Erden, dient ausschließlich dem Wachstum der Seele. Unsere Seele möchte vielleicht aus dem Seelenalter heraustreten, um reifer zu werden. Oder es braucht noch eine Lektion, um eine Erfahrung nie wieder machen zu müssen. Wie eingangs schon geschrieben, muss jede Seele alles und jedes erleben, restlos alles, was möglich ist. Und jedwede Lektionen müssen gemacht werden. Wie beim Computer-Spiel. Der nächste Level ist erst möglich, wenn der aktuelle mit Bravour gemeistert ist. Und darum hat sich jede Seele einen Rucksack geschnürt und ist mit diesem in den physischen Körper gesprungen, um viele, viele Abenteuer zu erleben. Nicht gute oder schlechte. Schöne oder hässliche. Nein. Einfach nur experimentelle Geschehnisse, die im besten Fall zu einem Wachstumsschub, zu Erkenntnissen und zum Abschluss verschiedener Lernschritte führen. Jede Seele ist auf ihre Weise individuell. Es ist nicht so, dass alle Seelen im „Himmel" im Einklang auf einer Wolke sitzen. Singende und frohlockende und unisono, alles gleich machende Wesen. Nein. Jede Seele bleibt bis zur Verschmelzung, bis sie nicht mehr inkarnieren muss, zu einem gewissen Grad persönlich aspektiert. Das heißt, sie hat Vorlieben und Abneigungen. Nur so kann ein Jenseitsmedium die Verstorbenen für die Hinterbliebenen erkennen und diese dann beschreiben. Die Seele schwingt individuell, ihrer Persönlichkeit entsprechend. Nur darum muss sie nochmal inkarnieren. Denn wäre es nicht so, wäre die Seele bereits in einem Stadium, in dem sie sich bereits auf dem Weg zurück zur Quelle befindet. Mit jedem weiteren Leben wird sie sich weiter entwickeln. Das Ziel dieser Entwicklung ist es, die Persönlichkeit, das Individuelle mehr und mehr abzustreifen. Aus dem polaren und dualen Denken und Fühlen herauszutreten. Die Meisterschaft zu machen, bedeutet mehr und mehr überpersönlich zu sein. Im Kollektiv zu dienen und wirken. Die eigenen Befindlichkeiten hinten anzustellen, zum Wohle aller Geschöpfe und Wesenheiten. Nur sehr wenige Menschen sind derzeit in diesem Zustand, aber es gibt sie. Oft werden sie gar nicht erkannt. Denn sie sind bescheiden, fallen oftmals gar nicht auf. Wirken im Vorborgenen.

Das Ziel einer Lebensplanung ist es nicht, ein möglichst einfaches, schönes Leben zu haben. Sondern innerhalb der menschlichen Lebensspanne so viel wie nur möglich zu lernen. Dabei ist die Seele nicht zimperlich und macht oft Pläne, die dann hier auf Erden ziemlich strapaziös und oft auch schrecklich anmuten. Denn wir werten. Nach Gesichtspunkten, die bei jedem anders sind. Je nach eigener Prämisse bewerten wir unsere Erfahrungen und die der Mitmenschen. Auch das Leben anderer wird einer Bewertung unterzogen. „Der hat es gut, die hatte Glück. Soviel Pech in einem Leben. Das hat sie verdient. Das Leben ist ungerecht, gerechte Strafe…" Kennst du das? Ich denke schon. Aber ist es wirklich so. Ganz, ganz wirklich? Ich sage nein. Denn diese Wertung läuft durch einen Filter. Durch deinen Filter. Egal, ob es um dein Leben oder das der andern geht. Du hast nur einen Bewertungsmaßstab und das ist deiner. Nur durch dein System kann eine Einschätzung erfolgen. Und das wiederum erfolgt durch dein eigenes Erleben, deine Erfahrungen. Je nachdem, welche Ereignisse in deinem Leben stattfanden oder stattfinden, und wie du damit zurechtkamst oder zurechtkommen musst.

Ein weiterer Maßstab für Recht und Unrecht, Gut und Böse ist das kollektive Bewusstsein. Nehmen wir mal ein krasses Beispiel. Das Essen von Hunden. In einigen Erdteilen ist das völlig normal. Im Kollektiv dieser Länder gehört Hund zum Ernährungsplan und niemand denkt sich etwas dabei. Bei den meisten wird alleine mein Denkanstoß schon einen Würgreiz und alle möglichen anderen Befindlichkeiten auslösen. Bei uns in Deutschland und im weitläufigen Europa isst man Schwein und Rind. Das wiederum ist in anderen Ländern unvorstellbar. In Indien sind Kühe heilig, in islamischen Ländern gelten Schweine als unrein und niemals würde ein gläubiger Muslim Schwein essen. Wer ist nun gut, wer ist nun schlecht? Bist du ein besserer Mensch, weil du es tust oder weil du es nicht tust? Zugegeben, das ist ein blödes Beispiel, weil beim Essen sich mittlerweile ohnehin schon alle Geister scheiden. Ich kenne nur noch wenige Menschen, die sich einfach „normal" ernähren. Was ist normal? Aber das ist ein anderes Thema. Oder doch nicht. Bleiben wir dabei. Essen ist in Deutschland (wie das in andern Ländern ist, weiß ich nicht) zwischenzeitlich ein echter Streitpunkt im zwischenmenschlichen Bereich geworden. Da gibt es die Veganer, die Low

Carbler, die Vegetarier, die, die alle möglichen Unverträglichkeiten haben, die, die aus ethischen, religiösen, moralischen und sonst welchen Gründen dies und das nicht essen. Gut! Jedem das seine. Und dass es immer unlustiger wird, einfach mal eine Einladung für mehrere Leute auszusprechen, will ich jetzt gar nicht vertiefen. Aber es geht ja um richtig und falsch, gut und böse. Wer hat nun Recht? Alle und keiner hat Recht. Denn wie immer hat es nur mit uns selbst zu tun. Niemand kann sich das Recht herausnehmen und sich anmaßen, es zu bewerten. Jetzt geht es aber nur um das Essen im Allgemeinen. Werden wir nun also tiefer gehen. Wenn es um ethische und moralische Wertung in unserem Leben geht. Wenn es um wirklich *schlimme* Dinge wie Mord, Vergewaltigung oder Missbrauch geht. Nehmen wir wieder andere Länder zum Beispiel. Es gibt Länder, da ist es nichts besonderes, wenn sich ein Mann eine Frau gefügig macht. Es gibt Länder, da ist es normal, wenn kleine Kinderhände Steine klopfen und nicht zur Schule gehen dürfen. Und es gibt immer noch Länder, da zählt ein Menschenleben gar nichts. Ist dies nun verwerflich, böse, schrecklich und gemein. Ist das etwas, was du dir vorstellen könntest, dass es auch im Lebensplan von jemand steht, dies zu erleben. Egal ob als Täter oder Opfer. Ja, ich merke, du wirst unruhig. Magst dich vielleicht gar nicht so gerne auf solche Fragen einlassen? Hilft nichts, da müssen wir jetzt beide durch. Ich weiß auch nicht, warum meine Finger so etwas schreiben. Ehrlich, ich hatte das nicht vor. Es ist spät, ich wollte heute nicht mehr schreiben, aber etwas lässt mich nicht aufhören. Also gut. Weiter. Nun, ich glaube, dass die Seele viele, viele Spielfelder braucht, um alle, wirklich alle Möglichkeiten des menschlichen Abgrunds kennenzulernen. Denn nur wer in die tiefsten Schluchten, grässlichsten Antlitze und schlimmsten Abschäume des Lebens geblickt hat, kann sich bewusst dafür entscheiden, dies nie wieder zu bedienen. Ich bin der Meinung, dass sich jede Seele beide Seiten anschauen wird. Die des Opfers und die des Täters. Um ehrlich zu sein. Mir ist schlecht. Während des Schreibens hatte ich ein Déjà-vu. Und es war nicht schön. Etwas in meiner Seele schwingt mit diesen Zeilen. Etwas will hochkommen. Ich möchte das nicht ... Aber ich kann dir mit tausend prozentischer Petra-Sicherheit sagen: „Wir waren alles und jedes, was diese Welt uns an Laufbahnen bietet." In mir hallt etwas, das sich nach schreien und weinen anfühlt. Etwas, das sehr grausam war, etwas, das ich erlebte in früheren Leben. Und, dass ich zu jener Zeit Ja dazu sagte. Das, was ich eben erlebte, fühlt sich an wie Mongolei und Russland, etwas wie ein barbarischer Überfall. Ich kann nicht sagen, ob ich mich als Opfer oder Täter fühlte. Aber es war grausam. Und doch will mir diese Erfahrung von gerade jetzt sagen, dass ich dieser Erfahrung früher zugestimmt hatte. Komisch, ich weiß nicht, was es zu bedeuten hat. Aber ich musste es schreiben und ich kann es nicht löschen. Denn mein Verstand brüllt gerade: „Lösch das, das ist zu privat. Lass die Leser nicht so nah an dich heran." Aber du siehst, es soll wohl zu lesen sein. Also weiter im Text. Wer will die Erfahrungen, Erlebnisse und Ereignisse in unserem Leben als gut oder schlecht einstufen. Als böse oder schön. Niemand kann das und nur du kannst es mit deinem Filter für dich selbst. Aber ich würde davon abraten. Ich weiß, dass das viel verlangt ist. Aber am besten wirst du vermutlich klar kommen, wenn du dir angewöhnst, die Ereignisse in deinem Leben nur noch als wertfreie, neutrale Erfahrungen einzustufen. Ich mache das schon sehr lange. Ich sage mir immer: „Ich kann nicht wissen, ob das gut oder schlecht war. Aber eines weiß ich gewiss. Es war wichtig, es war richtig und nichts geschieht ohne Grund. Ich muss nicht verstehen, wofür mir diese Erfahrung dient. Aber ich weiß, dass sie meinem Seelenwachstum hilft und somit ist sie wertvoll."

So viele Male hatte ich eine Erfahrung als besch**** eingestuft, nur um im Nachhinein festzustellen, dass es eines der wertvollsten und wichtigsten Geschehnisse in meinem Leben war. Wie oft habe ich schon Abbitte gegenüber meinen feinstofflichen Helfern geleistet, weil ich mal wieder vorschnell nach oben geschimpft hatte. Nur um dann festzustellen, dass das, worum ich gebeten hatte, der falsche Weg gewesen wäre. Wenn dir also Gutes oder Böses widerfährt oder widerfuhr, dann hilft es dir vielleicht, die Wertung herauszunehmen. Nicht etwas Böses ist geschehen, sondern: „Ich hatte eine wichtige und lehrreiche Erfahrung. Es fühlte sich nicht schön an, mir gefiel die Sache nicht. Aber ich weiß, dass es mir dient. Irgendwann. Egal, ob ich es jemals verstehe. Nun hake ich es ab, als eine Erfahrung, die meine Seele machen wollte."

Kapitel ohne Titel
bzw. Wenn-Oder-Aber-Vielleicht-Optionen

Süß schlummernd genieße ich auf meiner Liege die Sonne. Urlaub! Ach, wie schön ist das, ich genieße. Sanftes Geplätscher vom Springbrunnen macht mich dösig. Es duftet nach frisch gemähtem Gras. Laue Luft streichelt meine Haut.

„Stelle dir vor, du machst einen abenteuerlichen Trip und planst alles sehr genau. Doch bis ins letzte Detail kannst und möchtest …"

„RUHE."

„Doch bis ins letzte Detail kannst und möchtest du nicht alles verplanen. Ein bisschen Freiraum und Möglichkeiten willst du dir …"

„RUHE, hab ich gesagt! Ruben, hör auf, ich habe Urlaub. URLAUB!!"

„…willst du dir offen lassen. Das nennt man die…"

„RUBEN, jetzt reicht es. Ich habe keine Lust jetzt zu schreiben. Die Sonne scheint endlich und ich WILL jetzt meine RUHE. Ich bin nicht in der Stimmung, jetzt aufzustehen und am PC zu sitzen. Lass mich einfach genießen. Wir machen das ein andermal, es regnet eh bald wieder."

Manchmal wünsche ich mir einen Knopf im Kopf, den ich nur zu drücken brauche und alles, was darin abgeht, wird aufgezeichnet. Dann bräuchte ich nicht immer nach Rubens Pfeife tanzen. Gefühlt jedes Mal, wenn ich mein Haupt senke und mich anschicke, es mir gemütlich zu machen, geht das los. Ruben fängt an, mir Text für das Buch zu soufflieren. Und ich kann mich nicht davor verwehren. Warum? Nun, das wirst du gleich lesen. So ist es immer und ich gewinne nie.

„Wenn du jetzt nicht schreibst, dann vergisst du es."
„Ruben, wenn ich schreiben soll, muss ich aufstehen und das möchte ich jetzt nicht." Ruben antwortet: „Wie du meinst", und das hört sich sehr gestelzt an. Sofort fühle ich mich nicht mehr wohl in meiner Haut. „Bitte, Ruben, wenn ich jetzt aufstehe und etwas zum Schreiben hole, kann ich genauso gut an den PC gehen. Wie wäre es, wenn ich es mir einfach merke und es später zu Papier bringe?"

„Dann, meine Liebe, wirst du die Hälfte vergessen haben!" Nun, das stimmt leider. Ich kann mir das nie merken, muss alles sofort zu Papier bringen. Sinngemäß würde ich es schon hinbekommen, aber wenn Ruben diktiert, dann fließt es eben. „Du könntest auch dein Handy holen und es aufnehmen." Ich antworte mental: „Nein, kann ich nicht, die Hintergrundgeräusche lassen das nicht zu. Wenn es so laut ist, schreibt das Programm nur Unfug und ich habe mehr Arbeit als am PC. Da kann ich ebenso gut aufstehen und reingehen."

Ich döse weiter und achte nicht mehr auf Ruben. „Kapitel ohne Titel", höre ich. Was soll das nun wieder?", frage ich Ruben. „Na, du hast doch gerade überlegt, wie das Kapitel heißen könnte, falls du unseren Dialog zu Papier bringen würdest." Ja, ertappt. Das hatte ich eben gedacht. Manchmal komme ich mir beobachtet und nie alleine vor. Stimmt natürlich nicht. Denn ich habe ja die Erlaubnis gegeben, dass Ruben mich immer kontaktieren darf, um mit mir zu arbeiten. Aber dennoch kommt es mir manchmal komisch vor, was da in mir so abläuft. Für meinen Mann sieht es so aus, als würde ich schlummernd die Sonne genießen. Doch ich bin jetzt hellwach und etwas grantig. Denn mit der Ruhe ist es vorbei und

Ruben hat, wie immer, sein Vorhaben durchgesetzt. Ich setze mich an den PC und beginne zu schreiben.
Stelle dir vor, du machst einen abenteuerlichen Trip und organisierst alles sehr genau. Doch bis ins letzte Detail kannst und möchtest du nicht alles verplanen. Ein bisschen Freiraum und Möglichkeiten, Platz für Unvorhergesehenes oder Überraschungen kannst und willst du dir offen lassen. Das nennt man die Wenn-Oder-Aber-Vielleicht-Optionen. Das sind Wendungen, die die Seele bei der Planung noch nicht absehen kann. Die Entwicklung, die so oder so sein könnte. Etwas, das nicht berechenbar ist oder nur relevant wird, wenn etwas Bestimmtes geschieht oder jemand etwas tatsächlich macht oder unterlässt. Meist arbeitet die Seele diese Optionen so aus, dass es nicht relevant für sie ist, ob es zustande kommt oder nicht. Das heißt, dass diese Eventualität, ob nun umgesetzt oder nicht, keine Auswirkungen auf die angestrebten Lernaufgaben haben. Es sind eher Fleißaufgaben bzw. Zusatzaufgaben, die mit in den Lebensrucksack kommen. So, als würde ein Lehrer sagen: „Wenn du die Rechenaufgabe gemacht hast und noch Zeit bleibt, dann mach doch noch die nächsten drei."
Oft hat es mit Entscheidungen anderer Menschen zu tun oder auch mit den eigenen, die dann dazu führen, dass es neue Möglichkeiten gibt. Als du, als deine Seele, deinen Lebensplan entworfen hast, wusstest du bereits, dass du in eine Zeit inkarnieren wirst, in der das kollektive Bewusstsein schon sehr weit entwickelt sein würde. Du wusstest, dass die Zukunft variabel sein wird, nichts mehr festgeschrieben sein würde. Einstein hatte es immer vorhergesehen. Das Universum dehnt sich aus. Auch der Mensch und das menschliche Bewusstsein dehnen sich immer weiter aus. Wir leben in einer Zeit, in der wir alles

selbst in der Hand haben. Im wörtlichen und im übertragenen Sinn. Wir können uns die Zukunft kreieren und jeden Tag aufs Neue verändern. Das wusste deine Seele bereits vor der Inkarnation. Vor Jahrhunderten, ach was, vor einigen Jahrzehnten war das im Kollektiv noch nicht verankert. Die Lebensumstände und die Rollen der Arbeitgeber und Arbeiter im Allgemeinen als auch der Männer, Frauen und Kinder im Einzelnen waren festgeschrieben. Es blieb sehr wenig Platz für Selbstverwirklichung. Leistung und Arbeit war das, was zählte. Folgte man einem Lebensplan, so ließ dieser nicht so viel Spielraum wie in der jetzigen Zeit. Darum plante jede Seele diese Optionen ein. Das heißt in etwa: Wenn ich es bis hierhin geschafft habe, dann werde ich ... Vielleicht habe ich den Mut ... Aber nur, wenn ich möchte, werde ich eine bestimmte Situation überleben, gesund werden ... Wenn ich das oder das bewältigen kann, dann kann ich ... Wenn ich mich für ... entscheide, dann bringt mich das ...

Du verstehst? Wie beim Entwurf einer Abenteuer-Reise. Wenn du in Neuseeland bist und noch genügend Geld vorhanden ist, dann fährst du noch nach Australien. Wenn du in Australien mutig genug bist, dann lässt du dir die Option für einen längeren Aufenthalt im Outback. Vielleicht wäre eine andere Option, dass du diese Reise nur machst, wenn du nach der Scheidung in deiner Mitte und im Einklang mit dir selbst bist. Wenn du es bis dahin geschafft hättest, dann wäre diese Reise eine Option. Und eine weitere könnte sein, dass du auf dieser Reise den Partner fürs Leben fändest. Diese Optionen beinhalten auch Zeitfenster, um diese Erde zu verlassen. Sehr oft kommt es vor, dass jemand etwas überlebt, das im Grunde gar nicht möglich gewesen wäre. Dann kann es sein, dass die Seele ein Zeitfenster für den „Abgang" nicht genutzt hat. Ich selbst habe es bereits zweimal erlebt, dass etwas Schlimmes passierte. Etwas, das tödlich hätte enden können. Und mich im Nachhinein bis ins Mark erschütterte, weil ich innerlich spürte, dass das ein Zeitfenster für „Auf nimmer Wiedersehen" war. Dann wiederum gibt es Situationen, die auch sehr böse hätten enden können, doch du machst dir nicht eine weitere Sekunde einen Gedanken darum. Hier kannst du sicher sein, dass diese Situation dann keinerlei Relevanz in deinem Leben hatte. Es kann sein, dass eine Seele festlegt, dass sie an dem und dem Punkt vor Ort entscheiden wird, ob sie weitermacht. Sie wird dies wiederum von den Rahmenbedingungen ihres bis dahin gelebten Lebens abhängig machen. Auch davon, ob es noch „sinnvoll" ist, weiterzumachen. Oder ob es besser wäre, an diesem Punkt zu gehen. Manchmal hat die physische Gesundheit etwas mit der Entscheidung zu tun. Wenn ein Körper, der ja als Gefährt der Seele dient, so verschlissen ist, dass damit nichts mehr angefangen werden kann, besteht ebenso die Möglichkeit, dass die Seele den physischen Tod beschließt. Und dabei ist es ihr völlig egal, welche Prognose oder Vorhersage irgendein/e Mediziner/in gemacht hat. Umgekehrt ist es genauso. Wenn eine Seele unbedingt noch etwas erledigen möchte, wird sie möglicherweise ein Zeitfenster für das Sterben nicht nutzen und ungeachtet einer gesundheitlichen Prognose vollkommen heilen und weitermachen, bis die Lektion erlernt ist. Es gibt einen Satz, der mich immer aufhorchen lässt. Ich habe ihn viele Male gehört, zuletzt bei meiner Seelenfreundin Gisela. Der Satz kann unterschiedlich lauten, aber die Aussage ist immer ähnlich: „Wenn ich jetzt gehen müsste, dann wäre es in Ordnung für mich. Ich habe alles erledigt." Als Gisela diesen Satz zu mir am Telefon sagte, war es der 23.12.2011 und ich erschrak, schimpfte auch und war dann sehr beunruhigt. Es ließ zwar nichts darauf schließen, dass die bald sterben könnte, aber ich weiß ja, wie erfinderisch die Seele sein kann, wenn sie etwas realisieren möchte. Da wäre es ein Leichtes einen Unfall zu inszenieren. Es war kein Unfall. Es war der Krebs, der sich heimlich eingeschlichen hatte und sie binnen weniger Wochen dahinraffte. Sie hatte es nicht kommen sehen, wurde davon völlig überrascht. Die Beschwerden, die sie hatte, schob sie dem Alter zu. Immerhin wäre sie bald 70 geworden. Sie starb am 19.02.2012. Tief im Inneren weiß ich, dass ihr Heimgang auch etwas mit mir zu tun hatte. Sie hatte mich an einem Punkt, wo ich geflissentlich meinen Weg weitergehen würde. Denn einer ihrer Aufträge war es, mich ständig zu schubsen, zu schubsen, zu schubsen. Dass ich meinen Weg als Medium gehe und auch als solches arbeiten würde. Eine Lebens-Idee, die sie verfolgte, war erst am entstehen und noch nicht ausgearbeitet. Vermutlich war das nicht so wichtig und nur eine Option. Solche Lebensgeschichten kenne ich so einige. Vielleicht sind dir beim Lesen schon ein paar Parallelen zu deinem Leben oder das einer Person, die du liebst, bewusst geworden? Es könnte durchaus sein, dass auch du schon einmal eine offene Türe ins Jenseits wieder verschlossen hast, weil bestimmte Dinge noch unerledigt waren. Oder weil du erkannt hast, dass es noch viele Chancen für Wachstum und Bewusstwerdung in weiterer, ungeschriebener Zukunft für dich gäbe. Man erkennt solche Zeitfenster für Todesnähe daran, dass es dich kurz nach dem Erlebten bis ins Mark erschüttert, du dich gar nicht mehr beruhigen kannst, du fühlst, dass das sehr, sehr knapp war, dass du quasi nur eine Haaresbreite am Jenseitstor vorbeigeschrammt bist. Und das muss für andere gar nicht danach ausgesehen haben. Es kann auch sein, dass die beschriebene Situation nach außen vollkommen harmlos wirkte. Doch DU weißt, dass das auch ganz anders hätte ausgehen können oder gar, dass das ganz anders angedacht war, zumindest auf Seelenebene. Du fühlst tief in deinem Inneren, dass du dich kurzerhand umentschieden hattest, um noch länger hier auf Erden zu verweilen. Diese Beschlüsse werden allerdings nicht in der Sekunde des Geschehens gefasst. Sie werden im Einklang und in Absprache mit der geistigen Welt, deinen feinstofflichen Lehrern/innen und den anderen, diese Situation betroffenen Seelen, gemacht. Und zwar während dein physischer Körper schläft. Auf der Traumebene werden Konferenzen abgehalten und Absprachen getroffen für das weitere Vorgehen. Wenn die Seele im Einklang der anderen Seelen und feinstofflichen Helfern zu dem Entschluss kommt, dass es gut wäre, das Zeitfenster für den „Absprung" nicht zu nehmen, dann wird diese Möglichkeit ungenutzt vorübergehen, aber eben einen nachhaltigen Eindruck hinterlassen.

Bei mir war es so, dass ich über mehrere Wochen hinweg wieder und wieder in Zeitlupe die Abfolge des Geschehens wahrnahm. Dies ist nämlich auch ein markantes Detail einer solchen Situation. Du nimmst alles in präziser Abfolge wahr und das in einer Art Zeitlupe. Während du gleichzeitig das Geschehen im Zeitraffer erlebst. Der Unfall, das Missgeschick, das dir zum Verhängnis werden hätte können. Du siehst dir auf einer anderen Ebene selbst zu, wie das, was du gerade erlebst, passiert. Es fühlt sich so an, als wärst du außerhalb deines Körper einerseits und innerhalb andererseits. Als gäbe es dich zweimal und jeder Aspekt nimmt das Geschehen von einer anderen Warte aus wahr. Zumindest ist mir das jetzt schon zweimal passiert. Und es blieb mir bis ins kleinste Detail im Gedächtnis. Und im Rückblick kannst du genauestens alles sehen, wahrnehmen und spüren, was in diesen Momenten geschah. Hingegen andere Ereignisse, die mindestens genauso schlimm hätten ausgehen können oder noch tragischer ausgeschaut hatten, mir gar nicht mehr bewusst sind. Es gibt aber auch davon eine Menge. Wie oft ging etwas haarscharf gerade noch gut aus. Es war passiert, Kopf geschüttelt, weitergemacht, nie wieder darüber nachgedacht. Das ist der Unterschied zu den echten „Zeitfenstern für das Sterben", diese bleiben im Gedächtnis haften.

Ist der Todeszeitpunkt fest fixiert?

Nun, ich weiß nicht, ob man das so sagen kann. Wieder kann ich hier nur meinen persönlichen Blickwinkel und meine Sicht der Dinge schildern. Und für mich stellt es sich so dar, dass es einen Punkt gibt, an dem die Seele mit Sicherheit den physischen Tod anvisieren wird. Ob dies ein bestimmter Tag, eine Woche oder ein Monat ist, vermag ich nicht zu sagen. Ich denke, es handelt sich hierbei eher um eine Zeitqualität, die die Seele für ihren persönlichen Heimgang ins Licht nutzen wird. Wie schon erwähnt, denke ich, dass es optionale Zeitpunkte gibt, an denen die Möglichkeit besteht, auszusteigen. Stelle dir vor, du hast einen riesengroßen Event geplant. Du wirst eine der Hauptrollen übernehmen und mit vielen wichtigen Aufgaben befasst sein. Wenn dich nun jemand fragt, wie lange du zu bleiben gedenkst, wirst du vielleicht folgende Überlegungen anstellen: Zunächst wirst du dir Gedanken machen, wie lange du auf alle Fälle bleiben musst, bzw. wie lange du brauchen wirst, um alle deine Aufgaben zu erledigen. Als nächstes kommt dir vielleicht der Gedanke, dass dieses Ereignis ja supertoll sein könnte und ganz bezaubernde Menschen anwesend sein werden. Somit fließt in deine Überlegung ein, dass du möglicherweise ein bisschen länger bleiben könnest, als ursprünglich angedacht. Eine weitere Überlegung könnte dazu führen, dass du dir einen noch späteren Zeitpunkt für dein nach Hause gehen überlegst. Zum Beispiel weil es richtig lustig, total schön oder einfach sehr spannend werden könnte und du keine Lust haben würdest, den Event schon zu verlassen. Dennoch wirst du dir einen allerletzten Zeitpunkt erwählen, wo du dir sagst: „Spätestens um soundso viel Uhr werde ich aber in jedem Fall nach Hause gehen." Alle diese oben genannten, möglichen *„hätte, könnte und wenn's"* sind optionale Zeitpunkte, dein Leben zu verlassen. Der Zeitpunkt, den du als allerletzten gewählt hast, ist unabänderlich und der, in der Tat der Allerletzte, um den physischen Tod zu manifestieren. Warum? Nun, alles hat einmal ein Ende, oder? Zumindest auf der Erde, im Körper eines Menschen, muss irgendwann mal Schluss sein. Zumindest bis das ewige Leben wiederentdeckt wird. Aber das wird noch eine Zeit dauern, da bin ich mir sicher. Die Seele ist dabei nicht zimperlich. Es gibt in Wahrheit keine Zeit und keine Zeitrechnung. Oder hast du schon mal was von Uhren im Kosmos gehört? Deshalb ist es für die Seele völlig unerheblich, wie lange sie auf der Erde verweilt. Ein sehr kurzes Leben im Mutterleib, das als Fehlgeburt oder Abgang endet, kann darum um so vieles bemerkenswerter und wertvoller aus Sicht der Seele sein, als ein Leben das im „Alter" von 90 oder 100 Jahren beendet wird. Die Erfahrung als Baby mit nur wenigen Lebensmonaten kann reichhaltiger und intensiver sein, als ein Leben bis ins Greisenalter. Wir können meist nicht nachvollziehen, wie diese Zeitspanne aus dem Blickwinkel einer Seele ist. Wir meinen, mehr müsste auch mehr sein und länger wäre besser als kürzer. Doch ich für meinen Teil bin mir sicher, es ist vergleichbar mit einem kostbaren Augenblick, den du nie wieder vergisst, der alles aufwiegt und du dafür sterben würdest, wenn du ihn nochmal erleben dürftest. Und seien es auch nur Sekunden, die dieser Moment dauerte. Du würdest ihn tauschen, vielleicht gegen alles, was du besitzt. Ich bewahre solche Augenblicke in meinem Herzen, sie bedeuten mir alles. Die wenigen Monate mit Dominik und ganz besonders der letzte Blick, den mir mein sterbender Sohn schenkte. Das nochmal zu erleben ... Genauso wertvoll kann ein super kurzes Leben in der Erfahrungswelt einer Seele sein. Sie wertet nicht nach Jahren oder Zeit. Sie ist immer nur am Lernen und sich erfahren. Darum kann eine minimale Zeitspanne auf der Erde in der Ewigkeit alles bedeuten. Etwa weil die Seele dadurch allerwichtigste Erfahrungen sammeln konnte, weil diese Erkenntnisse aus jenen Erfahrungen zu einem großen Bewusstseinssprung verhalfen. Das ist es, worum es bei der Inkarnation geht. Erwachen, Bewusstwerdung und Erkenntnisse aus jedem Moment des Lebens zu schöpfen, das sich die Seele erwählte. Wenn nun aus Sicht der Seele beim Öffnen des ersten Todes-Zeitfensters noch dringende Gründe bestehen, die Lebenszeit zu verlängern, dann wird sich die Seele auf der Traumebene mit den anderen Seelen und der geistigen Welt beraten. Wie und auf welche Weise weitergemacht werden kann. Denn für die Seele ist es kein Geheimnis, dass dieses Zeitfenster quasi vor der Türe steht. Es können dann kurzerhand neue Pläne entwickelt oder umkonstruiert werden, so, dass die *neue* Lebensspanne, die daraus resultiert, bestens genutzt werden kann. Das alles ist in der Jetztzeit möglich. Weil wir im kollektiven Bewusstsein schon verstanden haben, dass alles miteinander in Resonanz steht, dass sich Worte, Taten und Gefühle immer manifestieren möchten und wir mittels unserer Aufmerksamkeit Situationen und Dinge in unser Leben holen. Das war vor einigen Jahrzehnten noch nicht so. Damals war man sich dessen noch nicht so sehr bewusst. Man glaubte an ein unabänderliches Schicksal, das in Stein gemeißelt und dem man ausgeliefert war. Darum änderten die Menschen in dieser Zeit auch selten etwas. Sie dachten, dass es ihnen *auferlegt, aufgebürdet* sei, dieses Leben auf genau diese Weise zu führen. Deshalb halte ich es für möglich, dass es damals auch unabänderlich festgelegte Todeszeitpunkte gab. Jetzt haben wir eine vollkommen andere Zeitqualität. Wir, bzw. die meisten Menschen haben sehr wohl das Wissen, dass alles veränderbar ist und wir das auch dürfen. Ob es genutzt und umgesetzt wird, das ist natürlich eine andere Sache. Aber grundsätzlich kann heute jede Seele zu jeder Zeit, in jedem Moment *eigenmächtig und selbstbestimmt* sein.

Dazu gehört eben auch, dass wir uns jederzeit umentscheiden können und Zeitfenster jeder Art ungenutzt lassen, wenn wir das möchten. In diesem Fall eben ein Zeitfenster für den physischen Tod. Aber, wie gesagt, das entscheidet jede Seele selbst und nur dann, wenn es relevant und eine Option ist. Der allerletzte Vorhang wird in jedem Fall genommen, das ist fixiert und im großen Gefüge festgelegt. Denn wir alle agieren ja nicht nur als Individuum, sondern auch als Puzzleteilchen eines großen Ganzen. Hier ist es dann schon wichtig, dass manche *Punkte* innerhalb deines Lebens-Manuskriptes auch abgehakt werden. Denn diese dienen wiederum den Seelen aus deinem Seelenclan und im weiteren Sinne dem *Gottesplan*. Das wäre ja noch schöner, wenn da jeder, wie er oder sie es möchte, aus der Reihe tanzen kann. Nein, Spaß beiseite, ich meine das ganz im Ernst. Es gibt in meiner Wahrheit auch einen großen Plan, innerhalb dessen wir eben unser Leben führen. Und dazu gehört auch ein stetiges Kommen und Gehen der Seelen hier auf der Erde. Wenn das nicht so wäre, wären wir entweder schon ausgestorben oder so überbevölkert, dass die Erde zusammenbrechen würde, rein bildlich gesprochen. Deine Lebensgeschichte interagiert ja zum einen mit denen, die sich mit dir zusammen in dein Leben eingeschrieben hatten, als auch mit jenen, die du gar nicht kennst. Es gibt nur eine Erde, auf der wir alle unsere Lektionen, Erfahrungen und Erkenntnisse sammeln möchten. Und alles, was geschieht, im Großen, wie im Kleinen, ergibt zusammengefasst einen Weltenplan. So will ich das mal nennen. So wie es für dich einen Seelenplan gibt, der dich wieder und wieder auf die Erde inkarnieren lässt, so gibt es auch einen Plan für den Kosmos. Alles, was existiert, folgt den universellen Gesetzen. Menschen, Tiere, Pflanzen, feinstoffliche Wesen. Und alles ist miteinander verwoben. Es gibt den Spruch, dass es nicht möglich ist, dass im tiefsten Urwald etwas geschieht, ohne dass dies unmittelbare Auswirkungen im weitest entferntesten Winkel dieser Erde hätte. Ich kann nur sagen, dass das so nicht stimmt. Es hat Auswirkungen im gesamten Kosmos. Nicht umsonst reicht ein Gedanke an einen Verstorbenen oder an einen feinstofflichen Helfer, und schwupp … schon spürst du deren Präsenz. Was ich damit zum Ausdruck bringen möchte, ist Folgendes: Wenn du deinen anvisierten, endgültigen Todeszeitpunkt nicht einhalten würdest, egal aus welchen Gründen, bringst du das universelle Gleichgewicht durcheinander. Denn an diesen Zeitpunkt sind möglicherweise wichtige nächste Ereignisse an die Lebenspläne anderer Geschöpfe gekoppelt. Das kann ein Mensch sein oder auch ein Tier. Selbst ganze Seelengruppen können davon betroffen sein. Und da auch feinstoffliche Helfer mit uns arbeiten und damit ihre eigenen Pläne umsetzen können, halte ich es sogar für möglich, dass es auch auf diese Wesen Auswirkungen haben könnte. Wenn also der allerletzte, fixierte Todeszeitpunkt gewährleistet ist, dann wird damit auch ein Gleichgewicht eingehalten. Und der Kosmos bleibt am Laufen. ☺

Tiere im Lebensplan

Ich kenne viele Menschen, denen Tiere näher sind als Menschen. Sie behandeln ihre Tiere oder auch Tiere im Allgemeinen, als seien sie Menschen. Und diese Personen schwören, Tiere können denken, kommunizieren, Gefühle ausdrücken und die Gefühle ihrer Besitzer spüren. Mein Spruch, wenn es um Tiere geht, ist immer dieser: „Ich bin für Menschen zuständig."
Aber! Ich liebe Tiere, insbesondere Katzen, Hunde und Pferde, wuchs mit Wellensittichen, Kanarienvögel, Meerschweinchen und Hamstern auf, und später hatten mein Mann und ich auch Stubentiger. Darum erlaube ich mir, hierzu ein paar Zeilen zu schreiben. Vorneweg gleich Eines: Ich bin zutiefst davon überzeugt, dass Tiere auch Aufgaben in unserem Leben haben, dass sie unseren Seelenplan bereichern und manches Mal eine Art *Seelengefährten durch mehrere Lebens-Zeiten* sind. Kein Tier kommt aus Versehen in unser Leben und oft sind auch unsere eigenen Aufgaben daran geknüpft. Einige meiner Klienten beschwören, dass ihre Tiere ganz besonders seien, sie miteinander kommunizieren, sie getröstet werden. Ja! Das glaube, bzw. weiß ich mit Gewissheit, und es ist etwas sehr Schönes, dies zu erleben. Unsere Katzen waren alle sehr speziell, eine verhielt sich wie ein Hund, begleitete uns Schritt auf Tritt. Munki, die Katze von Opa, verhielt sich wie seine Partnerin. Begleitete ihn sogar beim Einkaufen und Spazierengehen. Und sie war megaeifersüchtig auf die Zeit, die Opa mit Menschen verbrachte. Sie wollte immer die erste Geige in Opas Leben spielen und war dann durchaus mal richtig nachtragend, wenn etwas nicht nach ihrer Schnauze verlief. Natürlich haben Tiere mit unserem Lebensplan zu tun.

Wir verabreden uns auch mit diesen Seelen. Ich weiß, dass eine weit verbreitete Meinung ist, dass Tiere keine Seele hätten und wenn, dann nur eine Gruppenseele, doch das kann ich so nicht hinnehmen. Dafür sind die Katzen, Hunde, Vögel, Nager und Pferde allesamt zu individuell veranlagt, als dass sie nur als Gruppe oder seelenlos aktiv wären. Eher kann ich mir Folgendes vorstellen: Die Tiere im Allgemeinen und die häuslichen Begleiter im Besonderen nehmen in der Jetztzeit einen ganz anderen Stellenwert ein, als das noch vor einigen Jahrzehnten der Fall war. Da gab es Wichtigeres. Die Kriegswirren, die Nachkriegszeit, der Wiederaufbau ... Das menschliche Bewusstsein war nicht auf Tiere eingestellt. Wenn schon, dann nur als Nahrung oder Arbeitskraft. Natürlich bestätigen auch hier die Ausnahmen die Regel der damaligen Zeit. Heute ist das anders. Und deshalb glaube ich, dass auch hier ein großer Entwicklungssprung, sowohl beim Menschen als auch beim Tier, erfolgte. Somit ist nun eine ganz andere Begegnung möglich. Ja, ich weiß natürlich, dass beim Tierschutz und der Ausbeutung der Tiere sehr vieles im Argen liegt. Es muss noch viel geschehen. Aber das soll heute nicht mein Thema sein. Mir geht es um die flauschigen, pelzigen, gefiederten Lebensbegleiter und Freunde an der Seite des Menschen. Viele leben wie Familienmitglieder im Haus und werden auch so behandelt. Sie danken es dem Tierfreund mit Treue, Liebe und Trost. Diese Freundschaften sind meist lebenslang und oft erkennen selbst andere Arten, z.B. ausgewilderte Löwen, Tiger, Elefanten oder Bären „ihren" Menschen noch nach Jahren wieder. Somit steht für mich fest: Diese Beziehungen sind genauso geplant und die Rollen zugeteilt, wie die der Menschen in unseren Lebensplänen. Oft begleitet eine Tierseele „ihren" Menschen über viele Leben hinweg, wieder und wieder. Sie treffen sich in allen Leben und erhalten diese Freundschaft. Über das „Seelenleben" von Tieren kann ich leider keine Auskunft geben. Denn ich habe keine Idee, was die Lernaufgabe eines Tieres sein könnte, wohl aber die des Menschen. So könnte ich mir vorstellen, dass über mehrere Leben hinweg diverse Lektionen auch durch das Einwirken eines vierbeinigen oder geflügelten Freundes gelernt werden können. Und manches Mal haben Tiere auch die Aufgabe übernommen, zum rechten Zeitpunkt das Leben des Menschen zu retten.

Der Hund meiner Freundin, „[2]Bello", hat ihr einmal mit Sicherheit aus dem Schlaf heraus das Leben gerettet, als er, der, der niemals bellte, anfing laut zu knurren. Als sie erwachte, war jemand im Raum, der sie bedrohte. Doch durch Bello wurde die Situation gewandelt, der „Angreifer" änderte seine Meinung und verließ schleunigst die Wohnung.

Bello war in den letzten Jahren an Krebs erkrankt und manches Mal sah es so aus, als ob er bald sterben würde. Die Lebenssituation meiner Freundin war damals sehr, sehr schwierig. Alles was sie hatte, war Bello. Ihm vertraute sie auch alles an, er war es, der sie tröstete. Eines Tages war sie sehr verzweifelt, der Tierarzt hatte ihr gesagt, dass sie damit rechnen solle, dass die Lebenszeit von Bello bald zur Neige gehen würde. Es könne sich nur noch um wenige Wochen handeln. Daraufhin bat sie mich, zu klären, ob ich „von oben" eine Antwort bekommen würde auf die Frage, ob die Aussage des Arztes

---

[2] Der Name wurde auf Wunsch meiner Freundin geändert

stimme. Ich versuchte mit Bello selbst in Verbindung zu treten und fragte ihn, ob er bald ins Licht gehen würde. Seine Antwort war: „Ich bleibe so lange, wie sie mich braucht." „Nun, das würde aber heißen, er müsste noch einige Jahre bleiben, denn so lange würde es dauern, bis sie ihr Leben wieder lebenswert verändert hätte und sie evtl. ohne Bello zurecht kommen würde", dachte ich bei mir. Das war 2012. Bello hielt sein Versprechen. Meine Freundin sortierte die nächsten Jahre ihr Leben vollkommen neu, immer mit dabei war Bello. Es ging ihm mal mehr, mal weniger gut. Aber er machte alles mit. Ein Umzug, noch ein Umzug. Lebensfreude, neue Freunde, Lebenslust, andere Arbeitszeiten meiner Freundin. Es ging endlich bergauf, und sie sah wieder Perspektiven und hatte Ideen, wie sie ihr neues Leben anders und besser gestalten wollte. Bello war immer an ihrer Seite. Dann kam der Wunsch auf, sich beruflich vollkommen neu zu orientieren. Bello wurde kränker und kränker. Im Jahreswechsel auf 2016 träumte ich, dass ich einen Anruf von ihr erhielt, in dem sie mir sagte: „Bello hat es jetzt geschafft, er ist heimgegangen." Da wusste ich, dass es nicht mehr lange dauern kann, weil ich diese Art der Träume oft habe, und meist sind es Hellträume, die sich bewahrheiten. Natürlich sagte ich ihr nichts davon. Aber interessanterweise hatten wir in letzter Zeit öfter Gespräche darüber, dass es mit Bello nicht mehr so einfach war. Er war inkontinent, fast blind, erbrach sein Futter und hatte schwere Gelenkprobleme. Gassi gehen mochte er auch nicht mehr. Als der Tag des Heimgangs kam, war ich bei ihr und wir saßen Stunde um Stunde in der Wohnung. Bello ging es schlecht und schlechter. Man merke, dass es ihn immer noch umtrieb. Er spürte, dass meine Freundin außer sich war. Sie war vollkommen schockiert und dennoch total gefasst. Alles, was sie wollte, war, dass alles für Bello zum Höchsten und Besten geschehen möge. Es war Samstagmittag. Es kam kein Tierarzt, doch in die Praxis fahren stand außer Frage. Ich konnte zu dieser Zeit schon eine Hündin aus der geistigen Welt wahrnehmen, später erfuhr ich, dass dies eine Spielgefährtin von Bello zu Lebzeiten war. Diese, nur für mich wahrnehmbare Hündin, „lag" immer ganz nahe bei Bello. Es war nun schon früher Abend und ich versuchte Bello zur Regenbogenbrücke zu begleiten. Dies ist mir nicht neu und hatte bisher immer gut geklappt, zumindest bei Menschen. Aber Bello ging einfach nicht hinüber. Plötzlich teilte er mir „telepathisch" mit, dass er noch nicht bereit sei. Nun verstand ich … Also bat ich meine Freundin, sich neben Bello zu setzten und ihm zu sagen, dass er gehen durfte. Dass sie ihn in Liebe gehen lassen würde. Und dieses Bild, diese Energie, diese Symbiose, die dann passierte, werde ich nie wieder vergessen. Da war nur Liebe, da war nur Einklang und Bedingungslosigkeit. Anders kann ich es nicht formulieren. Ich konnte wahrnehmen, dass die beiden ein letztes, mentales Gespräch führten. Dass Bello jetzt bereit war. Er schlief sogar nochmal tief und fest ein, in den Armen seiner geliebten Menschenfreundin. Dann plötzlich rappelte er sich mühselig hoch und ging zur Terrassentüre. Wir ließen ihn raus und er legte sich auf die Steinplatten. Es klingelte genau in dem Moment, als er sich draußen niederließ. Die, von einer anderen Freundin mittlerweile organisierte, Tierärztin war gekommen. Bello wusste es …

Nur wenige Wochen später bekam meine Freundin eine Arbeitsstelle angeboten, die ihre Wunschvorstellungen bei weitem übertraf. Diese konnte sie aber nur annehmen, weil Bello jetzt im Land des Lichts ist. Er hielt sein Versprechen. Als meine Freundin so weit war, dass sie ohne ihn leben konnte, ging er im gesegneten Alter von 12 Jahren heim. Die Trauer, die meine Freundin durchlebte, war tief, und ich würde mir niemals anmaßen zu sagen, dass man um ein Tier nicht genau so trauern kann, wie um einen Menschen.

Diese und ähnliche Beziehungen zwischen Menschen und Tieren gibt es millionenfach auf der ganzen Welt. Und aus meiner Sicht haben sie alle mit dem Lebensplan zu tun, den die Seele einst im Einklang mit der Tierseele entwarf. Sinn und Zweck, Art und Weise dieser Beziehungen sind so verschieden und individuell gestaltet, dass man dies nicht pauschalisieren kann. Aber immer dient es beiden Seelen zum Wachstum.

Geistführer

Jedem Menschen steht zur Erfüllung seines Lebensplans ein feinstoffliches, geistiges Team zur Verfügung. Diese begleiten uns von der Geburt, über unsere gesamte Lebensspanne, bis über den physischen Tod hinaus. Den feinstofflichen Helfern ist es völlig egal, ob du an sie glaubst, sie wahrnehmen kannst oder sie in dein Leben einlädst. Sie sind einfach da und zur Stelle, wenn du sie brauchst. Ihre Aufgabe ist es, dich in allen herausfordernden, anstrengenden und wichtigen Lebensphasen bestmöglich zu begleiten. Du bekommst ihre Hilfe selbstverständlich auch ungefragt. Doch besser wäre es, du würdest sie in dein Leben einladen und ihnen deine offizielle Erlaubnis zum Helfen erteilen. Zum feinstofflichen Team gehören mindestens ein Engel, nämlich dein Schutzengel, Lehrer/innen, Meister/innen und Führer/innen. Selbstverständlich sind feinstoffliche Wesen immer androgyn. Dennoch schreibe ich hier in männlicher Form. Da es für ein besseres Verständnis und einfacher ist, unseren Sprachgebrauch zu verwenden.

Im Grunde nehmen diese Helfer sowieso nur die von uns erhoffte Form an, oder sie schlüpfen für uns in ein „Kleid", welches wir gut annehmen können und uns entspricht.

In der feinstofflichen Welt ist alles geschlechtslos. Bereits während du deine neue Inkarnation planst, sind dein Schutzengel und dein gesamtes, späteres feinstoffliches Team in diese Pläne involviert. Du besprichst dich mit ihnen und planst dein neues Leben. Bereits an dieser Stelle bittest du um Hilfe und Unterstützung zu gegebener Zeit. Natürlich vergisst du dies, wenn du dann auf der Erde inkarniert bist und in Schwierigkeiten steckst. Die

meisten Menschen erinnern sich an ihre feinstofflichen Helfer erst dann wieder, wenn sie am Boden liegen und nicht mehr weiter wissen. Oder aber sie stolpern eher zufällig über das Wissen und die Präsenz ihrer Helfer aus der geistigen Welt. So wie es bei mir war. Nun ja, Zufall …, ihr wisst ja, dass es den nicht gibt.
In dem Jahr, als mein Sohn starb, bat mich eine Freundin, sie zu einem [3]Seminar zu begleiten. In diesem Seminar lernte man intuitive Wahrnehmung und die Erweiterung der, bereits bei der Geburt angelegten, feinstofflichen Hellsinne. Wir machten Übungen, trainierten diese Kanäle und lernten unter anderem auch zu meditieren. Nach intensiven Trainings waren wir Seminarteilnehmer einige Tage später soweit geschult, dass wir uns ein **mentales**, nur in unserer inneren Wahrnehmung greifbares „Labor" erschaffen sollten. In diesem Labor gab es allerlei hilfreiche „Werkzeuge". Angefangen bei einer großen Bibliothek, über Internet, Lexika, bis zu medizinischen Geräten, Heilpflanzen, Medizin und eine Werkbank. Außerdem sollte es dort zwei sogenannte „Berater" geben. Diese Berater mussten wir in der Meditation in unser Labor einladen. Es würde eine weibliche Form und eine männliche Form eines Beraters zu uns kommen. Soweit so gut. Als meine Berater im Labor auftauchten, fiel ich fast vom Stuhl. Denn was kam da angesprungen? Ein lustiges, kleines Männchen, höchst komisch angezogen, unruhig, dunkelhäutig und sehr spaßig. Die Frau, welche sich mir mental zeigte, war eine hochgewachsene, grauhaarige, ältere Dame, einfach gekleidet und eher ein biss-

---

[3] Silva Mind ©

chen ungepflegt. Sie hatte durchdringende Augen, aber einen total lieben, freundlichen Gesichtsausdruck. Während der Mann eher aussah als könne er nicht bis drei zählen. Aber das war noch nicht alles. Als ich sie nach ihren Namen fragte, musste ich fast laut auflachen. Der Mann sagte: „Ich bin Aladin aus Mesopotamien", und die Frau stellte sich als „Myrtha, eine Hexe aus Brandenburg", vor. Entsetzt brach ich meine Meditation ab. Ich dachte, jetzt muss ich eingeliefert werden. Allerdings war das Erlebte dermaßen real, dass ich vollkommen durch den Wind war. Was war geschehen? Nun, meine allerersten feinstofflichen Führer hatten sich es zu Nutze gemacht, dass Petra endlich mal ihren Geist zur Ruhe brachte. Und sobald dies geschah, konnten sie zu mir durchdringen. Fortan waren diese beiden in jeder meiner Meditationen mit von der Partie. Am Rande möchte ich noch erwähnen, dass diese Ausbildung, die ich damals machte, mein Leben vollkommen zum Positiven veränderte. Alles, was ich 1997 in besagter Schulung lernte, wende ich bis heute an. Gut, meine feinstofflichen Helfer wurden zwischenzeitlich mehrmals abkommandiert und ausgetauscht. Aber Aladin und Myrtha begleiteten mich über einen langen Zeitraum hinweg, und ich werde diese Erfahrung niemals vergessen, noch möchte ich es missen. Sie schenkten mir unermesslich viel an Wissen und Aufklärung, außerdem gewährten sie mir ihre Hilfe in der für mich so schweren Zeit. Damals hatten wir privat noch kein Internet. Somit konnte ich auch nicht erforschen, ob irgendetwas an den Geschichten, die Sie mir über ihre Herkunft erzählten, stimmte. Dies holte ich allerdings zu einem späteren Zeitpunkt nach. Und was ich nicht wusste, auch weil ich in Erdkunde und Geografie eine absolute Niete bin, dass Mesopotamien im Alten Orient eine

Hochkultur war. Und Aladin somit genauso aussah, wie diese Menschen wohl zu dieser Zeit in diesem Erdteil nun mal aussahen. Und in Wikipedia konnte ich nachlesen, dass es in Brandenburg selbst in der Neuzeit noch Hexenverfolgungen gab. Myrtha war natürlich keine Hexe im herkömmlichen Sinn, doch sie war Heilerin und wurde zum Tode verurteilt und verbrannt. Später erforschte ich noch den Namen Myrtha. Bis dahin bezweifelte ich, dass es diesen Namen überhaupt gibt. Und auch hier half mir das große WWW. Der Name stammt von Myrte ab, ein Kraut das sehr oft bei religiös-spirituellen Einweihungen benutzt wurde … Nun gut, das alles war und ist für mich stimmig. Selbstverständlich kannst du das alles in Frage stellen. Worum es mir im Grunde geht, ist, dass ich dich dafür sensibilisieren möchte, dass die feinstoffliche geistige Welt jederzeit in dein Leben treten kann und wird. Sofern du die Bereitschaft dafür hast. Dein Schutzengel begleitet dich seit Äonen von Zeiten. Diese Partnerschaft und das Bündnis sind gültig, solange es dich als Seele gibt. Alle deine geistigen Helfer kennen deinen Lebensplan und die angedachten Seelenwege. Es ist an dir, sie in dein Leben zu lassen und die unermessliche, in Worten nicht beschreibbare Hilfe anzunehmen, die sie dir zu geben haben. Ich selbst bin seit damals im intensiven und ständigen Kontakt mit meiner geistigen Führung. Was und wer sind diese nun? Es gibt Meister, Führer, Helfer und Lehrer. Wie gesagt, in männlicher und weiblicher Form. Schutzengel und jede andere Form von Engelwesen waren niemals als Menschen inkarniert. Sie schwingen so hoch und sind dem Göttlichen so nah, dass sie sich zwar in deinen Dienst stellen während du Mensch bist. Sie selbst können aber ihre Energie niemals so weit reduzieren, dass sie als Mensch oder andere verkörperte Wesen inkarnieren können. Helfer aus der geistigen Welt sind feinstoffliche Präsenzen, die schon einmal verkörpert waren und sich dir als Helfer zur Verfügung stellen. Dies können verstorbene Freunde oder Familienangehörige von dir sein. Lehrer aus der feinstofflichen Welt waren ebenfalls inkarniert. Sie können dir mit ihrem speziellen Wissen aus ihren Lebzeiten beistehen und dienen. Beispielsweise wenn du im Studium zum Mediziner steckst, kann es durchaus sein, dass dich ein Lehrer „von oben" begleitet, weil er/sie selbst als Arzt einst auf Erden lebte. Damit hast du dann die bestmögliche Unterstützung bei Fragen auf diesem Weg. Meister hingegen sind feinstoffliche Präsenzen, die alle Erfahrungen in vielen verschiedenen Inkarnationen auf der Erde gemacht haben. Sie müssen nicht mehr inkarnieren und haben sich ganz bewusst dafür entschieden, den Menschen auf ihrem Weg beizustehen. Meister kommt von Meisterschaft. Sie haben ihre Meisterschaften und Lebensaufgaben bestmöglich bewältigt und geschafft. Und können dir nun bei deinen Meisterschaften Unterstützung geben. Meister begleiten uns oft über eine längere Lebensphase hinweg. Helfer können kurzfristig auftauchen und Lehrer sind oft nur für ein Thema in deinem Leben zuständig. Ob und wie du diese nun wahrnimmst, kann ich dir an dieser Stelle nicht vermitteln. Denn du bist ein Individuum mit ganz individuellen Gaben und Fähigkeiten. Hinzu kommt, ob und wie du deine spirituellen Kanäle schon ausgebildet hast. An dieser Stelle ist es mir aber ganz wichtig folgendes zu sagen: „Lass dir niemals von irgendeinem Lehrer oder Guru einreden oder weis machen, wie du die feinstoffliche Welt wahrnehmen kannst und/oder musst. Lass dir niemals vorschreiben oder sagen, auf welche Weise du etwas wahrzunehmen

hast." Du bist du! Wie oft kommen Hilfesuchende zu mir und möchten wissen, wie Ihre Geistführer, Lehrer oder Meister ausschauen oder heißen. Hierzu habe ich eine ganz klare Meinung:
„Die Beziehung zwischen dir und deinem geistigen Team ist etwas höchst Privates und Intimes. Kein Außenstehender hat das Recht, sich hier einzubringen und seine Meinung abzugeben".
Mag sein, dass medial begabte Menschen eine Wahrnehmung dessen haben, wer oder was dein geistiges Team ist. Dennoch muss jeder für sich selbst diese Beziehung erleben und erforschen. Hätte mir damals ein spiritueller Lehrer oder möglicherweise die Leiterin des besagten Seminars gesagt und erklärt, wer meine Berater sind, ich wäre schreiend davongelaufen. Das hätte ich so nicht annehmen können. Denn seien wir doch mal ehrlich. Mein Ego, und vielleicht auch deines, wünschen sich prächtige Indianerhäuptlinge, alte weise Eremiten, tibetische Mönche oder mächtige Pharaonen. Niemand möchte eine unscheinbare Hexe oder einen komischen, arabischen, kleinen Mann mit Turban.
Mein Ego hätte das schlichtweg als Unverschämtheit abgestempelt, hätte mir ein spiritueller Lehrer gesagt, dass ich diese beiden als meine feinstofflichen Helfer an der Seite habe und diese mich lehren und fördern. Solltest du noch auf der Suche nach deinen geistigen Lehrern sein, so möchte ich dich ermutigen, in die Stille zu gehen. Im Außen wirst du sie nicht finden und noch weniger wahrnehmen können. In deiner inneren Welt, in deinem Herzenstempel werden sie dich erwarten. Solltest du noch nicht meditieren, würde ich dir empfehlen, es einfach mal zu versuchen. Meditieren wird vielerorts als etwas Schwieriges dargestellt. In Wahrheit ist es einfach.

Du meditierst ohnehin täglich. In dem Moment, wo du still und in dich gekehrt bist, meditierst du schon. Das Wort Meditation heißt so viel wie „in die Mitte gehen." Es ist ein „sich Ausklinken" aus dem, was gerade um dich herum passiert. Und ein Eintauchen in deine inneren Welten. Jedes Mal, wenn du tagträumst, meditierst du in Wahrheit. Immer, wenn du halbwach morgens oder abends noch vor dich hin döst, meditierst du. Egal, ob du dir dessen bewusst bist oder nicht, wir alle tun es täglich viele Male. So kannst du nun einfach damit beginnen, indem du dich auf einen gemütlichen Stuhl oder Sessel setzt und bewusst atmest. Während du atmest, lässt du einfach Ruhe in dich einkehren. Mit der Zeit und mit der Übung wirst du merken, dass du in diesem Zustand immer mehr bei dir ankommst. Dies ist ein Weg, denn die Beziehung zu deinen geistigen Helfern muss gepflegt und genährt werden. Es wird dir nicht helfen, wenn du einmal in der Woche für ein paar Minuten Raum schaffst, um zu meditieren. Ich selbst machte nach meinem damaligen Seminar täglich damit weiter. Jeden Tag abends um 19 Uhr ging ich in meinen Meditationsmodus und in die Kommunikation mit Myrtha und Aladin. In den folgenden Wochen und Monaten wurde ich von den beiden vieles gelehrt und geschult. Und kam mir in der Zeit selbst näher. Ich lernte mich und meine Strickmuster besser kennen. Und konnte mich somit wieder für das Leben wappnen. Die Trauer um meinen verstorbenen Sohn konnte ich mit Meditation und der Hilfe aus der geistigen Welt ebenfalls besser meistern. Wenn du dich von meinen Zeilen angesprochen fühlst, ist dies vielleicht schon ein Hinweis darauf, dass deine feinstofflichen Helfer bereits auf dich warten.

Wenn du bereits eine gute Beziehung zu deinen Helfern pflegst und das alles nichts Neues für dich ist, dann wünsche dir von Herzen weiterhin viele Impulse, Führung und Geleit durch die geistige Welt!

Zuletzt noch eine kleine Geschichte: „Als die Zeit mit Aladin und Myrtha dem Ende zuging, merkte ich das daran, dass sich etwas verändert hatte. Was, das kann ich gar nicht richtig beschreiben. Es war die Intensität der Zeit, die ich in „meiner Welt" mit ihnen verlebte. Etwas war anders. Es fühlte sich an, als ob ein Abschied bevorstünde. Zeitgleich merkte ich, dass sich eine andere Präsenz näherte. Zunächst ganz diffus und verschwommen nahm ich etwas wahr, das sich wie eine männliche Energie anfühlte. Immer dann, wenn ich meditierte und durch Aladin oder Myrtha gelehrt wurde. Quasi in den Augenwinkeln vernahm ich diese andere Energie. Eines Tages „sah" ich Augen, die mich anblickten. Nur Augen. Sonst nichts. Einige Tage später Augenbrauen. Dann dunkles Haar. Und über einen langen Zeitraum nicht mehr. Ich fühlte mich von dieser neuen Präsenz beobachtet, aber nicht unangenehm. Später wurde ein Gesicht daraus. Dann, irgendwann fragte ich mental: „Wer bist du?" Ich erhielt keine Antwort. Ich bin ja stur, also fragte ich täglich immer weiter. Dann hörte ich mit meinem inneren Ohr eines Tages eine Antwort: „Barack", oder so ähnlich. Genau konnte ich es nicht verstehen. Dies wiederholte sich immer wieder. Ich fragte und die Antwort war immer die gleiche. Also nannte ich diese Präsenz Barack und sprach mit dem Gesicht. Hört sich komisch an, aber so war es eben. Und mein Verstand machte Purzelbäume, weil der Name so komisch war und ich ihn noch nie gehört hatte. Und genau genommen war ich mir sehr sicher, dass ich mir das nur einbildete und es diesen Namen auch gar nicht gibt. Bis …, nun bis da plötzlich in den Medien ein Mann auftauchte, der sich für die Präsidenten-Wahl in USA bewarb. Da wurde die Petra mal wieder sehr klein und bat um Verzeihung für das anmaßende Verhalten dieses wundervollen Lehrers aus der geistigen Welt gegenüber. Denn zu dieser Zeit war er längst mein wundervoller Lehrer. Barack ist immer noch in meinem Helferteam und ich sehe nach wie vor nur sein Gesicht und die Farbe Lila um ihn herum.

Eines Tages gesellte sich beim Meditieren, zu Barack, eine Präsenz, die wie ein Indianer aussieht. Diesen konnte ich gleich anfangs in ganzer Größe wahrnehmen und ich hörte den Namen „Mantu". Mantu sah ich immer, mit Fellen bekleidet, an einem Lagerfeuer sitzend und innerlich „wusste" ich, dass es ein indianischer Medizinmann ist. Er sprach nicht mit mir und sah mich nur mit tiefgründigem, eher grimmigem Gesichtsausdruck an. An manchen Tagen sah ich ihn mit schönem Federputz und in eine Art Singsang vertieft. Wieder zweifelte ich an meiner Wahrnehmung. Und so sagte ich eines Tages: „Wenn du wirklich real bist und ich mir nicht einbilde, dass du da bist, gib mir bitte einen Beweis." Da hielt er mir seinen ausgestreckten Arm hin und ich sah, dass er etwas in seiner Faust hielt. Ich reichte ihm meine Hand und er ließ einen schwarzen Stein hineingleiten. Schwarzglänzend, kalt und glatt war der Stein und mit meinem inneren Ohr hörte ich „Obsidian". Ich kenne mich mit Edelsteinen nicht sonderlich gut aus, deshalb begab ich mich an meinen PC und fing an zu suchen. Tja, und was spuckte das Internet als Antwort aus …? Schwarzer Obsidian, auch Apachenträne genannt. Dazu eine Geschichte, warum dieser Stein so heißt. Die Sage der Apachenträne wird in etwa so erzählt: „Als der weiße Mann vor langer Zeit in unser Land kam, brachte er Zerstörung durch Schießpulver und Alkohol. Er raubte den Apachen ihr Land und zwang sie, ihre Bräuche aufzugeben. Die Tränen des Volkes fielen auf ihr geliebtes Vaterland, wo diese als Erinnerung an die Apachen zu schwarzen Tränen erstarrten."

Braucht es noch mehr Beweise? Nein, für mich nicht! Beide Meister sind meine treuen Beschützer und Begleiter seit sehr, sehr vielen Jahren. Insgesamt habe ich ein Team von sieben Meister/innen. Ich könnte mir ein Leben ohne meine feinstofflichen Helfer nicht mehr vorstellen.

Toyota Prinzip: Alles ist möglich

Meine Mama und viele andere Leute erzählen sehr gerne, was man im Alter haben oder eben nicht haben würde. Gesundheitlich. Emotional. Materiell. Osteoporose. Ängste. Kleine Rente …
„Wenn du mal in meinem Alter bist … Du wirst schon sehen, wenn …, du wirst auch mal, das wird so und so, du kannst doch nicht, wenn du nicht, dann, wenn ..."
In solchen Momenten schalte ich sofort auf Durchzug. Diese „Prophezeiungen und Vorhersagen" lasse ich erst gar nicht in mein System einfließen und sich festigen. Meine Wahrheit ist es nämlich, gesund an Körper, Geist und Seele zu altern. Und ich lebe das Toyota-Prinzip. Nichts ist unmöglich und alles kann sein, zu jeder Zeit. Immer!
Das Wort Reichtum spielt hierbei eine große Rolle. Mit Reichtum ist in diesem Sinne nicht gemeint reich an Geld und Diamanten. Vielmehr reich an Gesundheit, sozialen Kontakten, Lebensfreude, Lachen, Spaß und Gott-Verbundenheit. Auch Selbstliebe, Selbstakzeptanz und die Wertschätzung seines Selbst gehört dazu. Man kann nicht früh genug damit anfangen, sich diesbezüglich zu konditionieren. Jeder Mangel-Gedanke erzeugt sofort ein Mangel-Gefühl und zieht Mangel in dein Leben. Jeder Angst-Gedanke erzeugt sofort ein Gefühl der Angst und hält dich in der Angst gefangen. Du selbst hast zu jeder Zeit die Wahl, was du in dein Leben holen möchtest. Jeder Satz der mit ich bin, muss, soll, kann usw. beginnt, beinhaltet im nachfolgenden eine Programmierung für deinen physischen Körper und/oder dein gesamtes Energiesystem. Wenn du die Wahl hast, zu wählen zwischen Reichtum und Armut in jeder Hinsicht, entscheidest du

dich doch mit Sicherheit für das Erstere. Du hast die Wahl! Mit jedem Wort, jedem Gedanken, all deinem Tun kreierst du dir deine Welt. Jeder destruktive Gedanke, jedes schlechte Gefühl, alles, was du mit Unlust und Starre machst, begrenzt dich. Das ist das Gegenteil vom Toyota-Prinzip. Dieses beinhaltet auch das Ausüben deiner Schöpferkraft. Wenn alles möglich ist, dann auch, dass du zu jeder Zeit, an jedem Ort, wann immer du möchtest, alles verwirklichen kannst. Immer dann, wenn es deinem Lebensplan und dessen Umsetzung dienlich und nicht an Entscheidungen anderer Menschen geknüpft ist.

Ich kann natürlich verstehen, dass es eine Vielzahl an Erfahrungen und Situationen gibt, die dir ein Gefühl der Machtlosigkeit und des Unterworfenseins vermitteln. Dass du eventuell viele Gründe und Argumente hast, die allem, was ich sage, bzw. schreibe widersprechen. Weil du denkst, dass deine Lage aussichtslos ist. Glaube mir, ich weiß das und ich habe es selbst viele Male so erlebt und empfunden wie du. Und ich kann mich auch gut daran erinnern, dass man dann gerne alle Viere grade sein lassen möchte oder wie die berühmten Affen es zeigen: Nichts hören, nichts sehen, nichts reden. Einfach nur in Ruhe gelassen werden und fertig. Decke über den Kopf und „Lasst mich doch alle in Frieden" rufen. Eventuell steckst du in einer gravierenden Lebenssituationen, fühlst du dich jetzt vielleicht von mir angegriffen oder möchtest mir eine [4]Watschn geben. Das ist völlig in Ordnung und ich kann das aushalten. Genau genommen erlebe ich das

---

[4] Bayerisch für Ohrfeige

fast täglich. Doch braucht es Menschen wie mich, die Dinge beim Namen nennen und sich auch nicht davor zurücknehmen, etwas auszusprechen, was anderen, oder dir, nicht gefällt. Denn nur so kann ich bei dir einen Samen setzen, der, vielleicht noch während du diese Zeilen liest, oder auch später, aufgehen kann und zu keimen beginnt. Das ist meine Gabe. Das wird mir immer wieder gesagt. Dass ich die Menschen oft unangenehm mit etwas konfrontiere, obwohl es doch gerade in der Komfortzone, in der sie sich befinden, so schön kuschelig und gemütlich ist. Und dann komme ich daher und hinterfrage ihre Gefühle, ihre Gedanken, ihre Kernüberzeugungen und Glaubensmuster und mache alles unbequem. Aber tief im Inneren ist etwas, das in Resonanz geht mit meinen Worten. Etwas beginnt zu schwingen und dann beginnen die Menschen oder du, diese Worte sacken zu lassen. Und sie gestehen ihnen einen klitzekleinen Wahrheitsgehalt zu. Und überlegen, ob es denn echt so einfach sein kann …, egal ob heute oder in 10 Jahren. Falls es dir also noch schwer fällt, meine Worte in dein System zu lassen und für dich stimmig zu empfinden. Oder du mir jetzt tausend Gründe und Argumente wider meine Ausführungen entgegen brüllen möchtest, dann wäre der erste Schritt für dich: Es einfach mal für möglich halten, dass alles möglich ist. Wenn dir selbst das schwer fällt, ist es wichtig, herauszufinden, was dich an deiner Überzeugung festhalten lässt. Glaub mir, falls Jesus über Wasser laufen konnte, und daran zweifle ich keine Sekunde, dann nicht weil er Gottes Sohn war. Nein, ich stelle die Behauptung auf, dass er, weil er Gottes Sohn war, wusste, dass alles möglich ist, was man in der Vorstellung erzeugen kann. Und dann stellte er sich eben vor, er würde über Wasser laufen können. Er nahm die Begrenzung aus seinem System, die ihm möglicherweise suggerierte, dass dies nicht möglich sei. Das alles kannst du im großen WWW nachlesen. Das ist einfachste Quantenphysik. Materie existiert nicht. Oder nur so lange, wie wir nicht in die Materie durch unsere Gedanken eingreifen. Alles ist durch unsere Gedanken veränderbar. Unsere Gedanken kreieren unsere Welt. Es gibt den Spruch: „Sage mir, was du denkst und ich sage dir, wer du bist." Oder so ähnlich. Nun, ich stimme dem in jeder Hinsicht zu. Schau dir dein Leben oder das eines nahestehenden Mitmenschen genauer an. Schau die Umstände, die Arbeit, den Freundeskreis an. Und du wirst erkennen, dass diese Umstände genau und hervorragend zu deinen/seinen Gedankenmustern, Glaubenssystemen und Kernüberzeugungen passen. Und vermutlich betrachtest du die Situation so, dass man eben nichts ändern, machen oder bewegen kann. Schließlich hat man es ja kommen sehen, hat man es schon immer geahnt. Schließlich zeigt sich dir im Außen genau, dass das Leben so ist wie du/der andere es jeden Tag empfinden. Die Umstände doch zeigen, dass… Ich behaupte das Gegenteil. An dem Tag, in dem Moment, wo du bereit bist, Wunder für möglich zu halten, deine Wahrheit dahingehend änderst, dass alles, alles möglich und veränderbar ist, an diesem Tag, in diesem Moment wird sich sofort etwas Neues, Besseres und Konstruktiveres in dein Leben manifestieren. An dem Tag, an dem du „aus den Umständen" herausgehst und das Ruder für dein Lebensschiff selbst in die Hand nimmst und es als Wahrheit akzeptierst, dass niemand außer dir für deine Lebensumstände verantwortlich ist. Nicht der Nachbar, nicht der Vermieter, der Chef, nicht die Freundin, die Mutter oder der Vater. NIEMAND außer DIR. An diesem Tag wirst du deine Macht annehmen und deine Schöpferkraft erkennen, das Schöpferprinzip leben und umsetzen wollen. Dann hast du das Toyota-Prinzip in dein Leben geholt. Und nichts ist mehr unmöglich! Und warum reden wir darüber. Was hat das alles mit dem Lebensplan und deinen Seelenwegen zu tun? Alles. Denn wenn du in dem Bewusstsein lebst, dass eben gar nichts unmöglich ist, dann hast du es wieder in der Hand, positiv und kraftvoll in deinen Lebensplan einzugreifen. Du bestimmst dann auf welche Weise du gewisse Lektionen lernst, wie du damit umgehst und welche neuen, spannenden Wege du einschlägst. Viele, die sich auf den Weg machen, um ihren Seelenplan zu erforschen oder auf der „Suche" sind, haben die Meinung, dass wir einem „Schicksal" unterliegen würden, dem man eh nicht entkommen kann. Ich selbst glaube nicht an ein Schicksal, ich glaube an ein *Machsal*. Was das sein soll? Nun, ganz einfach. Das, was sich dir in den Weg stellt, das, was sich dir als Herausforderung, als Prüfung zeigt, das, was viele als Schicksal bezeichnen, kannst du so oder so bewältigen. Du kannst dich dem, was sich da auftut, stellen oder du kannst sagen: „Ist sowieso alles vorherbestimmt, ist doch alles Schicksal und ich ergebe mich." Manche finden diese Ergebenheit auch hochspirituell. Ich finde das sehr bedenklich und möchte all jene, die sich jetzt angesprochen oder *ertappt* fühlen, motivieren meine/eine andere Sichtweise zu prüfen und zu testen. Ansonsten besteht die Gefahr, dass du deine Macht völlig abgibst und du bis ans Ende deiner Tage ohnmächtig in deinem Leben stehst. Ohnmacht heißt ohne Macht. Ohne Macht heißt: „Da kann ich nichts machen, mir sind die Hände gebunden." Oder es wird die eigene Macht an eine höhere Macht, wie Engel oder Meister, abgegeben. Du liebe Güte, da will ich kein Engel oder Meister sein. Gott sei

Dank nehmen die es mit Humor und warten geduldig, bis du mit deinen Wünschen auch mal selbst in die Gänge kommst und dementsprechend deine Umstände kreierst. Ich kann es nicht mehr hören. Wünschen und warten, dass das Gewünschte sich manifestiert. Schön brav im Vertrauen sein und hoffen, dass das alles so kommt, wie man es sich „bestellt" hat. Schließlich schüttet das Universum immer das Füllhorn über uns aus, wenn wir nur die neuen esoterischen Glaubensmuster leben. Merkst du wie devot das klingt. Und ich für meinen Teil empfinde es auch so. Das hat nichts mit Vertrauen oder Urvertrauen zu tun. Wer lieb, nett und immer verständnisvoll ist, bekommt alles. NEIN! Ich habe da ganz andere Erfahrungen gemacht. Und es hat lange gedauert bis ich verstand, warum ich mir trotz Eso, Spirit, Wunsch und kosmischen Bestellungen immer noch selbst im Weg stand. Genau so ergeht es den meisten Menschen, die zu mir in die Praxis kommen. Sie erzählen mir, dass sie schon so lange beim Universum, bei den Engeln, beim Kosmos bestellt haben. Und es passiert einfach nichts. Und hier beginnt auch schon das Dilemma. Meiner Erfahrung nach ist das gar keine böse Absicht von den Engeln oder dem Universum. Denn das wertet nicht. Im Grunde bekommt immer jede Seele genau das, was sie bestellt hat. Nur ist uns das nicht bewusst. Wir wünschen uns zum Beispiel eine größere Wohnung mit Garten und Garage. Wir malen es uns in den schönsten Farben aus und sehen uns schon darin. Sicher kennst du das auch. Der Wunsch ist klar und in allen Facetten durchdacht. Doch er erfüllt sich nicht. Wieder und wieder wünschst und visualisierst du und … nichts passiert. Zumindest meinst du das. In Wahrheit passiert sehr wohl etwas. Denn immer wenn sich etwas nicht manifestiert, das wir mit jeder Faser wünschen, stehen wir uns selbst im Weg. Wir manipulieren und sabotieren unsere Wünsche selbst. Und zwar aus dem Inneren heraus. Unsere Kernüberzeugung und Glaubensmuster sind die größten Saboteure. Denn sie sind wesentlich stärker als jedes Ziel, das wir vor Augen haben. Und das Gemeine dabei ist, wir bemerken sie meist nicht. Und wenn doch, dann haben wir kein Werkzeug um sie zu eliminieren. Hier zeigt sich ein universelles Gesetz. Energie folgt der Aufmerksamkeit. Das ist völlig wertfrei und wir können es für uns nutzbar machen. Doch vorerst müssen wir verstehen, welcher Aufmerksamkeit im Falle unserer Wünsche gefolgt wird. Meist sind das unsere tiefsten Kernüberzeugungen. Bei dem Beispiel mit der Wohnung könnten das Gedanken, Worte und Gefühle sein, die damit im Zusammenhang stehen:

„Kann ich mir eine größere Wohnung überhaupt leisten. Habe ich es überhaupt verdient? Dann muss ich ja von den netten Nachbarn weg. Wenn die Wohnung so groß ist, dann hab ich viel zu putzen. Ein Umzug kostet Zeit und Geld. Die jetzige ist ja auch ganz nett und schön geschnitten." Das sind nur ein paar kleine Beispiele, doch sie sind machtvoll und wirken von innen heraus. Und dazu kommen die Gefühle von Furcht, Zweifel oder Mangel. Wenn Gedanken mit Gefühl verknüpft werden, passiert es oft, dass wir dies auch in Worte fassen. Mit der Freundin, dem Kollegen darüber reden. Es kommen andere Meinungen dazu, die wir oft übernehmen. Spätestens an diesem Punkt graben wir unserem Wunsch schon das Wasser ab. Wir geben nämlich Kraft und Nahrung in das Misslingen. Die universellen Gesetze sind einfach. Sie werten nicht, sie bevorzugen nicht und sie wirken immer. Egal ob wir daran glauben oder nicht. Und darum

kann es mit der neuen Wohnung vorerst gar nichts werden. Energie folgt nun mal der Aufmerksamkeit und im Moment ist unsere Aufmerksamkeit eher damit beschäftigt, warum wir keine größere Wohnung bekommen, wollen oder brauchen. Zunächst müssen wir also erst mal unsere Saboteure und Glaubensmuster erkennen, benennen und dann auflösen. Dazu ist es wichtig, sich auf sich selbst zu fokussieren. Sich bewusst zu machen, was denke und fühle ich ganz tief drinnen in mir. Was sind meine Furcht, meine Zweifel, meine wahren Gefühle. Welche früheren Erfahrungen können mich noch blockieren? Zum Abschließen dieser Themen gibt es hier im Buch ja so einige Impulse von mir. Sehr hilfreich wären auch diese:

Statt Wünschen und Wollen; Anweisen und Umsetzen. Statt Beten und Bitten; Danken und Anpacken.
Denn: Jeder Wunsch, jedes Wollen, hält dich in der Warteschlange, in der Ohnmacht, zudem baut es unendlich Druck auf, macht Frust und unterwirft dich den Umständen. Wenn du, statt etwas zu erbitten (ich möchte), einen entsprechenden Befehl in dein System gibst: „Ich weise an, dass …!" Statt etwas zu wollen (ich will demnächst) dein Ziel anpackst und beschließt: „Ich mache das!" Dann bist du in der Schöpferkraft und in der Eigenermächtigung!! Bedenke: Jeder Satz, der mit Aber beginnt, ist mit ziemlicher Sicherheit ein Alibi oder ein Glaubensmuster. Danke, statt zu bitten! Dafür, dass das, was du brauchst und möchtest, gerade dabei ist, sich zu verwirklichen. Damit muss es sich manifestieren, denn du siehst das Ergebnis ja schon. Und das, was wir als Resultat wahrnehmen, muss sich, gemäß der Quantenphysik, unmittelbar ereignen!

Schicksal und Karma:
„Kar ma nix machen?!"

Bleiben wir mal bei dem Wort Schicksal. Es wird dir etwas geschickt. Hat das etwas mit den eigenen Geschicken zu tun. Und auch mit Geschicklichkeit? Hmmm? Wer oder was schickt nun die „[5]Herausforderungen", an denen wir so zu knabbern haben? Du, bzw. deine Seele. Gemäß deinem Lebensplan wird dir etwas geschickt. Damit du diese Erfahrung/en machen kannst. ABER dir bleibt immer der freie Wille. Es ist nicht vorherbestimmt, wie und auf welche Weise du durch die Erfahrung durchzugehen hast. Es liegt an dir, dich als Opfer zu sehen und so zu handeln. Oder in deiner Kraft und selbstbestimmt diese Kampfansagen des Lebens zu meistern. Ich mag das Wort Schicksal gar nicht. Denn es hat in unserem Sprachgebrauch die Schwingung von fremdbestimmt, aussichtslos und machtlos. Viel lieber mag ich das Wort Bestimmung oder Vorsehung. Es ist bestimmt, dass dies oder das passieren wird. Aber eben nicht auf welche Weise du damit umgehst oder umzugehen hast. In dem Wort steckt das Wort Stimme. Also welche Stimme ist es, die dein Los beschworen hat? Die deiner Seele. Die leise Stimme deiner Seele wird dir zur rechten Zeit flüstern, dass es so geplant war, dass es dich weiterbringen wird, dass du als Mensch all diese Erfahrungen machen wolltest. Vorsehung. Wieder so ein Wort. Hier steckt das Wort sehen und vor drinnen. Also vorab etwas sehen? Ich würde sagen ja.

---

[5] Da ich das Wort Probleme aus meinem Wortschatz gestrichen habe, ist das mein Ersatzwort dafür ☺

Denn auch hier ist es deine Seele, die alles längst kommen sieht, noch bevor es überhaupt passiert ist. Oft bekommst du über Träume oder andere Sinneseindrücke bereits im Vorfeld eine Ahnung oder auch Befürchtung dessen, was passieren wird. Dann hat deine Seele bereits versucht, dir mitzuteilen, dass du auf dieses oder jenes gefasst sein solltest. Doch auch hier gilt wieder: Nichts ist in Stein gemeißelt, alles ist veränderbar, zu jeder Zeit kannst du in die Bestimmung konstruktiv und heilend einwirken. Wenn du also jetzt gerade akut oder auch schon länger in einem Dilemma steckst, und du bisher der Meinung warst, dass das eben dein Schicksal sei, dann könntest du ja jetzt mal umdenken und überlegen, welche Botschaft deiner Seele sich hinter dieser Angelegenheit verbirgt. Des Weiteren könntest du nun daran gehen, die Umstände dahingehend zu beeinflussen, dass es dir besser geht. Geht nicht? Echt jetzt! Ich sage: „Doch, ginge schon!" Vielleicht kannst du nicht auf andere einwirken, vielleicht hast du keine Möglichkeit im Außen etwas zu verändern. Aber du hast alle Macht und Kraft der Welt in deinem Inneren und in deinen Gedanken etwas zu wandeln. Du kannst z. B. einen anderen Blickwinkel einnehmen. Du könntest dich in die Personen hineinversetzen, die in die Sache involviert sind. Und zwar auf neutrale Art und Weise. Ohne Schuldzuweisung und Vorwurf. Auch deren Beweggründe und Strickmuster könntest du erforschen. Du könntest außerdem herausfinden, was dein Anteil an der ganzen Chose ist. Und dann kannst du diese Erkenntnisse in Antrieb und Umsetzung umwandeln. Mein Geistführer sagt mir gerade, dass jetzt eine Vielzahl von Lesern aufstöhnen und gedanklich zu mir sagen: „Petra, du hast doch keine Ahnung, bei mir ist das anders." Stimmt schon, ich habe keine Ahnung in welchem „Schlamassel" du steckst. Erlaube mir trotzdem zu sagen, dass ich sehr wohl Ahnung von ganz, ganz großen Herausforderungen des Lebens habe. Und meist schwingen die Themen sehr ähnlich. Es gibt nur ein paar Grundthemen. Wie und auf welche Art sie nun in deinem Leben eine Rolle spielen, weiß ich natürlich nicht. Aber auf ähnliche Weise habe ich bestimmt schon mal Bekanntschaft damit gemacht. Gut, ich bin nicht geschieden. Da kann ich nicht mitreden. Aber ich wurde in vorhergehenden Beziehungen belogen und betrogen und eiskalt abserviert. Ich habe Mangel und Verlust erlebt, und ich wurde gemobbt und gekündigt. Ich habe Verluste von mir sehr nahe stehenden Menschen erfahren, erlebte Unglück, Leid und Missbrauch… Ich schreibe dies nicht, um aufzuzählen, was mir schon alles widerfahren ist. Nein, ich möchte nur kurz aufzeigen, dass ich denke, dass ich schon mitreden kann. Ich bin bodenständig und hänge nicht den halben Tag mit dem Kopf in rosafarbenen Wolken, um blauäugig und schwülstig Eso-Parolen zu schwingen. Und genau deshalb nehme ich mir dir Freiheit zu behaupten, dass es keine Bestimmung gibt, der man nicht trotzen kann. Alles andere ist Ohnmacht und oft auch Alibi.

Und was ist das dann mit dem Karma? Für mich bedeutet Karma nichts anderes als Ausgleich. Ausgleich dessen, was man in anderen Leben „verbockt" hat. Ausgleich von Unrecht, aber auch von guten und schönen Erfahrungen aus früheren Leben. Das Wort Karma ist zunächst einfach nur neutral. Wie das Wort Schicksal übrigens auch. Denn es kann ja auch was ganz Tolles geschickt werden. Ok, wann wird ein Wort zu einem Unwort, Machtwort und Angstwort? In dem Moment, in dem wir unsere

Schwingung hineingeben. Schwingt das Wort bei dir eher destruktiv, verbindest du etwas Schlechtes damit, dann wird aus dem Wort Karma etwas ganz Mieses. Dann wirst du damit nur schlimme Dinge in Verbindung bringen. In Indien soll es ja so sein, dass man bei *schlechtem Karma*, also wenn man in einem früheren Leben etwas *Böses* getan hat oder sich etwas *zu Schulden kommen ließ*, ein ganz niederes Leben führen muss. Da heißt es dann: „Der ist krank, das ist sein Karma", oder „Mein Karma ist es, arm zu sein." Nun, das lasse ich einfach mal so stehen. Muss ja jeder selbst wissen. Aber wenn man so denkt, dann bleibt man sein Leben lang den Umständen unterworfen. Ist übrigens auch ein schönes Alibi für die Menschen. Schließlich verlangt das Karma ja, dass man es abträgt, und so bleiben sie einfach in ihren widrigen Lebensumständen. Ich sehe es anders. Ich kann mit dem Wort Karma nur Ausgleich verknüpfen. Mag schon sein, dass die Seele in diesem Leben einen Ausgleich sucht, weil im letzten Leben etwas nicht gelang, oder weil etwas wiedergutzumachen ist. Das heißt aber noch lange nicht, dass das für ein ganzes Leben lang gilt und schon gar nicht, dass man leiden muss. Wenn in einem früheren Leben Schuld aufgeladen wurde, welche das auch immer sein mag, dann findet die Seele einen Weg, dies auszugleichen. Und natürlich ist dann der Plan der Seele, dies innerhalb eines Lebens zu schaffen. Dafür gibt es ja die Lebenspläne und die vielen Leben. Die Seele möchte nicht nur alle möglichen Erfahrungen machen, sondern auch alle möglichen Auswirkungen, aller möglichen Ereignisse, im Erfahrungsspielraum als Mensch machen. Das heißt eben auch immer die Kehrseite der Medaille. Die Seele möchte alles, alles lernen und erfahren, was möglich ist. Sicher kannst du dir denken, dass es dafür keine Zahl gibt, die die Anzahl an Möglichkeiten benennen könnte, welche wir hier auf unserem Lernplaneten haben. Und es werden mehr und mehr. Allein dadurch, dass wir uns als Menschen immer weiter entwickeln, den Kosmos erobern, die Weltmeere und die Planeten erforschen. Die sich immer schneller entwickelnde Technik. Das alles bringt immer neue Spielwiesen für künftige Inkarnationen hervor. Bald gibt es völlig neue Berufsbilder und ganz andere Lebensweisen. Auch hier wieder Möglichkeiten über Möglichkeiten. Da will sich keine Seele mehr mit Karma aufhalten. Das war mal so, und war auch gut und hilfreich. Denn dadurch entwickelte sich die Menschheit weiter und weiter. Die vielen Erfahrungen aller Seelen wurden gesammelt und brachten einen Aufstieg zustande, der die Menschen im Kollektiv viel höher schwingen lässt. Nicht, dass man das im Großen und Ganzen betrachtet, unbedingt sehen kann. Aber jetzt geht es darum, die Chance zu nutzen, dass wir im Kollektiv auch immer höher schwingen und unsere Seele weiß, wie ein Ausgleich von früherem Unrecht auf vielfältige Art und Weise geschehen kann. Wir haben ein völlig anderes Bewusstsein als noch vor hundert Jahren. Deine Seele hat sich genau in diese Zeit inkarniert, um alles anzupacken, was noch erfahren, gelernt oder ausgeglichen werden möchte. Doch dazu braucht sie die Hilfe und Unterstützung durch dich/deine Persönlichkeit als Mensch mit Ego und Verstand. Es ist auch von enormer Wichtigkeit, dass du erkennst, dass du aus der Ohnmacht rausgehen kannst. Um mit Schöpferkraft dein Leben gemäß deiner Aufgaben und der Lebenspläne anzupacken. Ohnmacht. Das heißt ohne Macht. Sehr viele Menschen fühlen sich in ihren Lebensumständen und dem ganzen Drumherum machtlos und fremdbestimmt. So lässt sich ein Lebensplan aber nicht umsetzen. Denn ohne Macht und damit ohne Kraft ist man Opfer und überlässt die Belange des eigenen Lebens anderen. Manchmal geht das sogar so weit, dass jede noch so kleine Entscheidung hinausgezögert oder lieber gleich anderen überlassen wird.

Yedi-Mentalität:
„Nimm deine Macht an"

Das ist mein purer Ernst. Ich habe mir jetzt diese ganze Science-Fiktion-Story reinziehen müssen, in der es um die dunkle und die helle Seite in uns geht. Da war ich den Umständen völlig unterworfen! Hörst du mich lachen? Nein, im Ernst. Mein Mann hat sich diese Filme jetzt alle nach und nach angesehen, und da wir einen Fernseher haben, der das Wohnzimmer dominiert, musste ich wohl oder übel mitschauen, bzw. mithören. Und was ich da so hörte, gefiel mir zum Teil sehr gut. Es ging dabei um das Schöpferprinzip. Den göttlichen Funken in jedem. Und um die dir innewohnende Schöpferkraft. Natürlich wurde das so nicht ausgedrückt, aber in der Quintessenz heißt es genau das. In einer Episode erklärte ein Yedi-Meister, was es mit der hellen Seite der Macht auf sich hat. Und ich war fasziniert. Denn besser hätte ich es nicht erklären können. Er erklärt dem angehenden Ritter, dass er nur seine Gedankenkraft fokussieren muss, um Dinge zu teleportieren und dass alles aus und vorbei ist, wenn er die Angst zulässt. Das ist nichts anderes als das, was ich immer und immer wieder in meinen Kursen, Beratungen und auch in meinen Büchern zu vermitteln versuche. DU bist der Schöpfer in deinem Reich. Du bist der/die König/in und du bestimmst was, wie, auf welche Weise zu geschehen hat. Du hast es in der Hand. Und wenn in deinem Königreich alles drunter und drüber geht, hast du die Macht aus der Hand gegeben. Dann bist du ein schlechter König. Was ist nun dein Reich und wie weit reicht deine Macht. Nun, deine Gemächer sind dein Körper, deine Gedanken, deine Gefühle mitsamt allen Emotionen. Deine Arbeit, deine Wohnung, dein Geld, dein Freundeskreis. Kurz gesagt, deine Lebensumstände. Toll gell?! Du bist der Chef im Haus und alles muss nach deinen Vorgaben geschehen. Und das tut es auch. Immer. Was, das stimmt nicht? Dir gefällt nicht, was du siehst? Nun, dann wird es Zeit, deinen Thron zu besteigen und deine Macht anzunehmen. Viele tun das nicht. Weil sie ahnen, dass das bedeutet, dass sie auch die Verantwortung für ihre Lebensumstände übernehmen müssten. Darum bleiben sie lieber machtlos, kraftlos, überlassen ihr Reich den anderen. Dem Chef, dem Partner, den Kindern, den Freunden, der Bank. Sie geben ihr Refugium lieber in fremde Hände, als dass sie sich der Freude hingeben, ihr eigenes Leben selbst zu kreieren. Und dann beschweren sie sich, erzählen unentwegt über ihr ganzes Elend und das Unrecht das ihnen widerfährt. Sehr oft mit Schuldzuweisung und Opferdasein. Nun, ich weiß wovon ich rede. Erstens ist mir das alles nicht fremd. Auch ich sah mich lange Zeit den Umständen unterworfen und gab auch gerne mal den anderen die Schuld an meiner Misere. Und zweitens wird das alles in meiner Familie genau so gelebt. Ich bekomme ständig Kostproben genannter Zustände. Und drittens sind wir alle Menschen und zum Menschsein gehört das mit dazu. Aber nirgends steht geschrieben, dass wir es ein ganzes Leben hindurch so pflegen müssen. Also, wenn du dich auch nur ansatzweise in meinen Beschreibungen wiederfindest, dann wäre es eine gute Idee, den Thron zu besteigen und dein Zepter für dein Leben wieder in die Hand zu nehmen! Du weißt nicht wie das gehen soll? Hier schenke ich dir ein Ritual mit dem du dich erst aus allen Fallstricken entbindest und anschließend alle Fesseln lösen kannst, innerhalb denen du dich gerade befindest. Anschließend krönst du dich selbst als König/in im eigenen Reich. Wenn dir das jetzt zu abstrus erscheint, brauchst du nicht weiterlesen. Aber ich möchte erwähnen, dass ich ja an anderer Stelle schon darauf eingegangen bin, was Worte und Befehle ins eigene System bewirken. Schaden kann es dir also nicht. Aber das musst du selbst wissen. Wenn du das Folgende überspringst, kannst du nahtlos im nächsten Kapitel weiterlesen.

Ritual

Selbstbefreiung und Auflösung aller auferlegten Verpflichtungen und Programmierungen.

<u>Vorbereitung:</u>
Suche dir ein lauschiges Plätzchen, wo du für mindestens 15 Minuten ungestört bist. Wenn du magst, zünde dir eine Kerze an. Denke dir: „Das tue ich jetzt nur für mich." Mache dir evtl. schöne, entspannende, leise Musik und gehe in deinen Herzensgarten, deinen Herztempel oder was immer du tust, um in deine Mitte zu gelangen. Halte dich dort auf und besinne dich auf das absolute Nichts. Wenn Gedanken kommen, dann lass sie ziehen. Bleibe ohne Wertung für die Gedanken und ärgere dich nicht darüber. Wenn du nicht weißt, wie du in deine inneren Welten gelangen kannst, lies einfach weiter.

<u>Der Herztempel:</u>
Dorthin gelangt man über eine Landschaft, die man sich nach eigenen Vorstellungen erschafft und belebt. Dann wandert man einen Weg entlang zum eigenen Herztempel. Auch dieser wird nach eigener Vorstellung erschaffen. Es kann alles sein. Ein Schloss, ein Tempel, ein Stübchen. Der Tempel wird eingerichtet mit allem was man als schön empfindet und was man liebt. Düfte, Licht, Kerzen, Kristalle, Sitzkissen, Möbel, Bücher, Pflanzen, was auch immer. Dorthin kann man gehen, um in die eigene Mitte zu finden, bei Stress, Aufregung und um seine Gedanken zu sortieren. Auch Lösungen finden oder einfach, um mit der Seele und seinem Engel Kontakt aufzunehmen und diese Verbindung spüren. Im Herztempel kann man andere Seelen empfangen, Ablösungsarbeit machen und Klarheit schaffen. Und neue Wege finden. Du kannst dich mit deinem Ego verbinden

und auch mit deinem Verstand. Du kannst Vereinbarungen treffen und alte Wunden heilen ... Einfach alles ist im Herztempel möglich. Denn dort wohnt Erzengel Chamuel, er wartet schon.

<u>Auflösung Energetischer Verstrickungen:</u>
Ich spreche von Grenzüberschreitungen durch Gedanken, Gefühle, Worte. Dies schafft Energieschnüre, die wie Telefonleitungen zwischen uns sind und alles transportieren. Zu uns und von uns zu dieser Person. Dies hat nichts mit bewussten Entscheidungen zu tun, sondern ist ein Naturgesetz. Alles, was wir denken, fühlen, sprechen, kommt unverzüglich bei der Person an, die es betrifft. Da es Zeit nicht gibt und alle Zeit Jetzt ist, werden alle seit Seelenursprung gebildeten, energetischen Verstrickungen mit allem was ist und war aufgelöst, sonst bestehen sie „unendlich" weiter. Dies betrifft auch alle Vereinbarungen, Versprechen oder Gelübde aus früheren Leben. Denn es gibt nur eine Zeit, die Ewigkeit. Dies aufzulösen muss bewusst geschehen. Hier das Ritual, um sich von „unguten" energetischen Verstrickungen und Banden selbst zu befreien. Es kann, darf und soll jede/r für sich selbst tun. Ich persönlich halte nichts davon, die Verantwortung dafür an jemand anderen abzugeben. Sprich diese Worte und fühle tief in dich hinein.

<u>Auflösung und Loslösung von Beziehungen und Verstrickungen von/mit und durch andere Personen:</u>
Ich gebe Euch/dir/(nenne den Namen) nun alle Lasten und Energien der...(die Situation) bis an den Ursprung zurück. Ich übernehme jede Verantwortung, die ich trage.

<u>Schwüre / Eide / Versprechen:</u>
Ich löse und lösche alle Versprechen, Gelübde, Schwüre und Eide, alle diesbezüglichen Verträge und Unterschrif-

ten, Verwünschungen, Flüche, Schadenzauber, Gelöbnisse, alle Bande, alle Verbindungen …
1. die ich selber ausgesprochen habe und auf mich zurückfallen.
2. die ich selber eingefordert habe gegen Andere, und die mich damit auch immer selbst treffen.
3. die Andere über mich ausgesprochen haben.
Ich löse alle bewussten und unbewussten Vereinbarungen, alle karmischen Verstrickungen in allen meinen Körpern, allen Chakren durch Zeit und Raum in beide Richtungen (Vergangenheit und Zukunft), durch alle Galaxien, dem Kosmos, aus allen Inkarnationen, auf allen Planeten, mit allen Wesenheiten, Seelen, Mineralien und Tieren und mir selbst gegenüber! Ich gebe nun alle Lasten und Energien der genannten Taten bis an den Ursprung zurück und lösche alle Glaubensmuster, Programmierungen, Gedankenkräfte und Muster, die ich in dieser Sache bisher genährt habe, aus meinem gesamten Energiesystem heraus. Alles darf nun gelöst, gelöscht, annulliert und ins Licht Gottes geschickt werden und wird durch die silberne Flamme der Gnadenkraft gewandelt und von Meister St. Germain und Erzengel Zadkiel für mich in Liebe transformiert. Und das ist so, und das ist so, und das ist so. Es ist vollbracht, es ist vollbracht, es ist vollbracht. DANKE.

Krönung:
Stelle dir nun vor, dass du auf einer duftenden, lichtdurchfluteten Waldlichtung stehst. Viele Tiere des Waldes sind mit dir und begleiten dich, während du einen kleinen Weg entlang gehst. Die Sonne bricht durch das Blätterdach und wärmt dich. Die Vögel zwitschern und du lauscht ihrem Gesang. Dann kommst du an eine kleine Anhöhe. Dort siehst du einen aus Blättern, Sträuchern

und Gräsern gestalteten, wunderschönen Thron. Dieser Thron ist wie für dich geschaffen. Sofort durchflutet dich ein Gefühl von Wärme und Vertrauen. Du näherst dich und nimmst Platz. Alles schmiegt sich sofort an. Der Thron duftet nach Blumen und Heu. Nach Gras und Wald. Du spürst zwei Engel an deiner Seite und diese schenken dir nun ein Zepter und eine Krone aus Zweigen. Mit einem Lächeln nimmst du beides und setzt die Krone auf. Sie passt wie angegossen. Es fühlt sich gut an und dich durchflutet ein kraftvolles, starkes Gefühl. Macht, Schöpferkraft und ein tiefes Gefühl von Frieden durchströmt dein ganzes Sein. In Gedanken sprichst du folgende Worte. „In der Höchsten Kraft und Macht meiner Göttlichkeit nehme ich nun wieder diesen Thron ein und übernehme die Verantwortung und Regentschaft in meinem Reich. Ich trage die Krone mit Würde und Demut, in dem Wissen, dass ich mit aller Achtsamkeit und Liebe mein kleines Reich führen werde. Ich bin der/die König/in in meinem Reich. Alle meine Worte, alle meine Taten, alle meine Gefühle haben direkte Auswirkung auf mich und mein Umfeld. Dessen bin ich mir bewusst. Ich werde weise und demütig, voller Liebe, Wärme und Zuwendung meine Aufgabe als Regent/in annehmen. So sei es, so sei es, so sei es!!"

Dualseelen, Zwillingsflamme, Seelenpartner/in

Oh mein Gott, ich glaube es nicht! Ich kann es nicht fassen, dass ich mich darauf einlasse und dieses Kapitel schreibe. Ich habe mich mit Händen und Füßen, und allerhand Diskussionen mit Ruben, gewehrt. Ich wollte nicht über dieses Thema schreiben. Nein! Das ist mir zu heiß und ich habe dazu eine zu klare eigene Meinung. Aber Ruben ist da ganz anderer Ansicht und lässt einfach meine Finger über die Tasten fliegen. Menno! Ok, vielleicht verstehst du gerade nicht, was das soll. Kannst du auch nicht, sofern du mich nicht kennst. Wenn du mich kennst, weißt du, in welchem Dilemma ich jetzt stecke. Denn ich habe dieses Thema so satt. Ich mache diesbezüglich keine Beratung und gehe diesem Thema immer aus dem Weg. Egal, ob es bei öffentlichen Veranstaltungen oder in meinen Kursen ist. DAS Thema kommt immer. Und ich vermeide es, etwas mehr als oberflächliches Gerede einzubringen. Ich habe von Ruben mehrere Titelüberschriften für Kapitel bekommen und diese ganz unten im Skript aufgeschrieben. Nacheinander habe ich nun brav ein Kapitel nach dem anderen getippt. Das Kapitel über Seelenpartner habe ich ignoriert und einfach nicht darauf reagiert, wenn mich Ruben bat, es als Überschrift für das nächste Kapitel zu formatieren. Ich bin einfach nicht darauf eingegangen. Doch nun habe ich, ohne mir dessen bewusst zu sein, die Zeile kopiert und als Überschrift für dieses Kapitel formatiert und oben eingefügt. Ich fühle mich manipuliert, denn ich hatte fest vor, nichts über Seelenpartner, Dualseelen und schon gar nichts über Zwillingsflammen zu schreiben. Sorry, ist nicht persönlich gemeint. Ich wertschätze alle diesbezüglichen Meinungen und Erfahrungen. Natürlich las ich auch Bücher darüber. Aber ganz ehrlich: Ich bin nicht wirklich schlau daraus geworden und keines dieser Bücher konnte mir wirklich Aufschluss darüber geben, was es denn nun mit diesen, in der Esoterikszene so viel genannten, Themen auf sich hat und was dahinter steckt. Vielleicht habe ich bei dem Thema auch eine Kernüberzeugung, einen Saboteur oder sonst was … Darum überlasse ich jetzt einfach komplett das Podium meinem Geistführer Ruben, soll der sich die Finger verbrennen. Ich wasche meine Hände in Unschuld, wenn er dir jetzt auf die Füße tritt.

Ruben: Eines gleich mal vorweg. Es gibt keine Dualseelen oder Seelenpartner. Ja, du hast richtig gelesen. Das ist Unfug und wurde von sogenannten Gurus und Spirituellen Lehren in die Welt gebracht. Die geistige Welt ist mehr als erstaunt, dass die Menschen immer auf der Suche nach dem Seelenpartner oder der Dualseele sind. Nein, es gibt sie nicht. Oder besser ausgedrückt: Es gibt sie wohl. Verwirrt dich das? Nun, wenn du bisher aufmerksam gelesen hast, dürfte es für dich keine Überraschung mehr sein. Denn alle Menschen, die dir begegnen, sind auf ihre Weise ein Seelenpartner oder eine Dualseele. Was Menschen mit Zwillingsflamme meinen, ist nicht wirklich nachzuvollziehen. Darum fangen wir mal damit an. Jede Seele, und darum jeder Mensch, ist immer auf der Suche nach Vervollkommnung. Alles ist danach ausgerichtet, im Leben die Polarität und Dualität zu erfahren. Bestenfalls gelingt es euch, sich dem mehr und mehr zu entziehen. Darum sind die meisten Menschen immer auf der Suche nach anderen Menschen, die sie „ganz" werden lassen, oder die ihnen zumindest das Gefühl der Ganzheit vermitteln. Sie sagen dann Dinge wie: „Nur mit dir fühle ich Vollkommenheit, ohne dich fehlt etwas in meinem Leben", „Du bist mein ganzes Leben." Natürlich gibt es für dich und für jede andere Seele eine passende Seele, die wie geschaffen für dich ist. Das ist aber nicht zwingend jemand, der das Leben mit dir teilen möchte oder kann. Das muss noch nicht mal dein männliches oder weibliches Gegenstück sein. Vielmehr können in einem Leben mehrere Seelen in jedem Menschenalter, in jeder Form und jeder Gestalt in dein Leben kommen, und diese sind Dualseelen oder Seelenpartner. Denn diese Titulierungen bringen nur zum Ausdruck, dass sie in deinem Seelenplan verankert sind, eine Aufgabe in deinem Leben übernommen haben und etwas bei dir bewirken sollen. Sie kommen aus deinem Seelenclan, deiner Seelenfamilie, und du erkennst sie an einem warmen, wundervollen Gefühl bei der ersten Begegnung. Doch das alles hat überhaupt nichts mit einem Partner im Sinne einer Liebesbeziehung zu tun. Diese Seelenpartner sind Partner in dem Sinne, dass sie mit dir eine Partnerschaft eingegangen sind, um dir bei der Umsetzung deiner Aufgaben zu helfen. Und nicht um dich zu beglücken, es dir leichter zu machen, dich geliebt zu fühlen, deinen Selbstwert zu erhöhen oder um gemeinsam in den Sonnenuntergang zu tanzen. Diese Art der Beziehung, die der „Seelenpartnerschaft" gemeinhin unterstellt wird, gibt es sehr selten. Diese Beziehungen werden wirklich im Himmel, oder besser vorgeburtlich, geplant. Aber das machen nur Seelen, die vor keiner weiteren Inkarnation mehr stehen. Welchen Sinn würde es denn für eine Seele machen, fände sie einen Partner, mit dem sie bis ans Ende ihrer Tage glücklich und zufrieden ist? Wenn es keine Reibungspunkte, keine Unstimmigkeiten, keine unterschiedlichen Standpunkte in einer Gemeinschaft gibt, erfolgt auch kein Wachstum. Darum verabreden sich nur alte, weise Seelen miteinander, um eine solche Paar-Beziehung miteinander einzugehen. Sie tun das oft am Ende ihrer weltlichen Abenteuer. Und sie suchen sich nicht, sie finden sich, ohne Probleme. Wenn sie sich dann begegnen und fortan im Einklang miteinander gehen, ist dies bereits die Vorbereitung auf die Androgynität, die sie nach ihrem physischen Tod im Jenseits annehmen werden. Es ist eine Verschmelzung der Geschlechter zu geschlechtslos. Es ist ein Gefühl der vollkommenen Einheit und ihre Herzen schlagen auch im gleichen Takt. Das erleben manche Seelen bewusst in ihrer letzten Inkarnation auf Erden. Die Suchenden, die hier auf Erden dem Seelenpartner, der Dualseele oder Zwillingsflamme hinterherjagen, vergeuden viel Zeit. Wenn eine solche Beziehung auf feinstofflicher Ebene beschlossen wurde, dann finden sich diese Seelen ganz von selbst und tanzen ein letztes Mal durch ein irdisches Leben. Wenn du einem Menschen begegnest oder begegnet bist, dem deiner Meinung nach die Bedeutung eines Seelenpartners oder Dualseele zukommt, kannst du fast sicher sein, dass es nicht so ist, wie es scheint. Frage dich: „Läuft es gut. Ist es leicht und angenehm. Bin ich glücklich und zufrieden?" Meist sind diese, von Menschen benannten „Seelenpartnerschaften" schwierig, traurig und anstrengend. Der Ablauf ist oft so: Sie haben einen Menschen aus ihrem Seelenclan erkannt, er/sie entspricht ihren Vorstellungen und Erwartungen für eine Liebesbeziehung. Etwas schwingt, etwas ist spürbar, doch es geht dabei selten darum, dass hier eine glückliche Beziehung ihren Lauf nimmt. Sondern es kommen große und tiefgreifende Prüfungen auf diese beiden zu. Oft ist einer der beiden bereits in einer anderen Partnerschaft und kann sich nicht lösen. Oder die Beziehung gestaltet sich aufgrund eines großen Altersunterschiedes, verschiedener Lebensumstände, Erziehungsmuster, Ängste oder großer räumlicher Trennung schwierig. Oft ist tiefe Liebe im Spiel, manchmal sogar von beiden Seiten. Doch das bedeutet nicht, dass diese Partnerschaft für immer oder auch nur für einen Tag angedacht war. Vielmehr geht es wieder um das Lernen. Darum, herauszufinden, warum man unbedingt und um jeden Preis in dieser Verbindung leben möchte. Hier gilt es, sich genau zu hinterfragen und zu analysieren, was der Hintergrund dieses Wunsches ist. Auch, was die Aufgabe, die Lektion und die Prüfung dahinter sein kann. Das kann so viele unterschiedliche Gründe haben, wie es Menschen gibt. Eine gute Idee wäre es, Ausschau nach Seelen zu halten, die deine Seelenpartner sind, aber nicht, um mit ihnen als Paar durch das Leben zu gehen. Sondern um diese besondere Schwingung, diese lichtvolle Verbindung dazu zu nutzen, um etwas Konstruktives, Schönes und Positives in das Leben zu bringen. Diese Seelenverbindungen sind dazu gedacht, dein inneres Licht zum Strahlen zu bringen. Diese Menschen vermögen es, das Beste aus dir hervorzuholen. Diese Gemeinschaft/en schwingen sehr hoch und fördern dich und deine Lebenspläne im höchsten Maße. Das soll gelebt und gepriesen werden. Schätze dich glücklich, wenn du diese Sorte von Seelenpartner, Dualseele, oder wie immer du sie nennen magst, in deinem Leben hast. Nähre diese Beziehungen mit Liebe, Wertschätzung, Zeit und Zuwendung. Und du wirst dich reich und glücklich fühlen. Es wird ein Geben und Nehmen sein, das immer im Ausgleich ist. Du wirst durch diese Verbindung/en weit über dich hinauswachsen, diese Seelen werden an dich glauben und dir immer zur rechten Zeit die richtigen und wertvollen Impulse geben. Richte deinen Fokus auf diese Art der Beziehungen aus, und du wirst viel Glück erfahren. Sei nicht traurig, wenn diese Menschen sich wieder aus deinem Leben verabschieden. Manchmal müssen sie nur zur rechten Zeit, am rechten Ort in deinem Leben auftauchen, um ihre Aufgabe zu erfüllen. Manche werden für längere Zeit mit dir im Gleichschritt gehen und wieder andere werden dich für immer begleiten. Sei dir bewusst, dass du es einst warst, der/die genau das so geplant hatte. Du wusstest, wer dich auf welche Art, zu welchem Zeitpunkt, für welche Dauer an Zeit, dich auf beste Weise unterstützen würde.

So, nun, das war der Beitrag von Ruben. Du hast ihn ja schon früher hier im Buch kennengelernt. Er wollte das jetzt auf seine Weise vermitteln. Ich sage dir nun noch, warum ich es nicht mag, über dieses Thema zu reden: Weil es dich in der Ohnmacht hält. Wann immer die Rede auf den Seelenpartner kommt (komischerweise sind das fast immer Frauen, die damit ein Thema haben), kommen Fragen wie: „Wann kommt er, trennt er sich, liebt er mich, warum ist das so schwer, warum kann er sich nicht für mich entscheiden?" Alle diese Fragen zeigen mir, dass jemand seine Macht total abgegeben hat. Wer sich mit solchen Fragen und Themen befasst, ist nicht König/in, sondern Untertan. Diese Frauen, aber auch einige Männer geben ihre ganze Kraft an den Mann/die Frau ab. Alles dreht sich nur um diese Person. Selbst wenn er/sie noch gar nicht im Leben derer, die sich diese Seelenverbindung zutiefst wünschen, aufgetaucht ist, geben sie die Macht schon im Vorfeld ab. Alle anderen Lebensbereiche werden entsprechend angepasst und zum Teil erheblich überschattet, und das Verhalten der Betroffenen ist oft so ausgerichtet, dass der/die Seelenpartner/in jederzeit angezwitschert kommen kann. Damit dann alles parat ist. Jedes Denken und Fühlen richtet sich nach nur einer Person. Und wo bleiben sie selbst? Was hat das noch mit Selbstbestimmung und Eigenmacht zu tun? Außerdem bin ich der festen Überzeugung, und meine Erfahrung untermauert das, dass alles, was wirklich sein soll und gut für mich ist, immer einfach ist. Dass ich keine Kraftanstrengung aufbringen muss, damit etwas gut läuft. Wenn etwas rund läuft, ist es gut und wenn es Widerstände und Hemmnisse gibt, dann ist es meist nicht gut für mich oder entspricht nicht meinem Plan. Ok, auch wenn du jetzt sagst, dass es das alles wert sei, dass die Liebe so groß, das Beisammensein so toll, der Sex so gut oder jede einzelne Minute mit ihm/ihr die Erfüllung ist. Dann sage ich dir: „Und was musst du dafür geben. Wie hoch ist der Preis, den du dafür zahlst? Für mich stellen sich die allermeisten dieser Verbindungen als große Schieflage dar und es ist für mich sehr schwer, in die Gehirnwindungen derer vorzudringen, die sich so eine Partnerschaft so sehr wünschen. Darum mag ich dieses Thema nicht. Aber das soll keinesfalls abwertend aufgefasst werden. Ich kann das alles durchaus verstehen und auch aus Sicht der Person, die in einer solchen Situation ist, nachvollziehen. Umso lauter möchte ich dann rufen: „Nimm dich jetzt einfach mal wichtig, lasse alle Gedanken an diese Person sein, konzentriere dich auf die Beziehung zu dir selbst und wertschätze dich. Mach es dir schön, genieße das Leben, unternimm etwas und sei mit dir selbst im Reinen. Und wenn dir das gelingt, öffnest du Tür und Tor für den/die, für dich am besten passenden Partner/in. Dann kann er oder sie zu dir kommen, ohne dass du danach Ausschau halten musst." Sehr oft ist der riesengroße Wunsch nach *dem* Seelenpartner auch nur deshalb da, weil sich die Person unbewusst erhofft, dass er/sie eine große Lücke füllt. Diese Lücke heißt Mangel. Mangel an Liebe, Selbstwert, Erfüllung, Wertschätzung, Abenteuer, Spiel, Spaß und Lebensfreude …! Zum Ende dieses Kapitel sei aber noch gesagt. „Ich kenne sehr wohl Beziehungen, die ich in die Ecke Seelenpartner geben würde. Alle diese Paare leben ein sehr glückliches, sehr harmonisches und friedvolles Leben. Ich nehme sie fast als Einheit wahr." Also gibt es sie vielleicht doch. Die Seelenpartnerschaften? Zumindest im zweiten Anlauf. Denn alle Männer und Frauen dieser Paare, sind ein- bis zweimal schon geschieden oder haben viele Trennungen hinter sich. Alle, die ich kenne, sind um die 50 Jahre oder älter. Und von allen weiß ich aus erster Hand, dass keiner der Beteiligten zum Zeitpunkt des Kennenlernens auf der Suche war, sondern seine Ruhe und Freiheit wollte ... Und plötzlich war ER / SIE da!

So, jetzt hab ich wider mein Vorhaben doch über dieses Thema geschrieben. Was soll's.

Berufung

"Petra, kannst du sehen, was die zentrale Aufgabe in meinem Leben ist?", fragen mich meine Klienten und Bekannten gerne. „Nein, kann ich nicht!", antworte ich dann meistens. Das hat aber nichts mit meiner mangelnden Gabe als Beraterin zu tun, sondern damit, dass es DIE Lebensaufgabe, DIE Berufung nicht gibt. Berufung muss auch nicht zwangsläufig etwas mit deinem Beruf zu tun haben. Auch wenn das Wort darin steckt. Es kann auch sein, dass du berufen bist, etwas in die Welt hinauszutragen. Selbst ein Talent, eine Gabe kann einen Auftrag beinhalten. Kürzlich traf ich mich mit meiner Patentante. Sie ist die Tante von meinem Papa. Wir verlebten einen schönen Nachmittag am Schliersee. Unser Gespräch kam auf die Familie, auf unsere Angehörigen und was das Leben für meine Tante alles bereithielt. Sie ist jenseits der 80 Jahre und wurde nur mit einem Kind gesegnet. Aber sie hatte zig Kinder im Laufe ihres eigenen Lebens unter ihrer Obhut. Sie ist eine geborene Mutter. Fürsorglich, verständnisvoll. Sie schenkt(e) ihre Liebe vielen Kindern aus der nahen und fernen Verwandtschaft, sowie aus ihrem Bekanntenkreis, „an Mutters bzw. an Omas statt." Sie trägt viele Titel. Jedes, der von ihr gehüteten und unter ihrer Obhut gestandenen Kinder, nennt sie anders. Ich nenne sie Tante[6] …, so wie auch meine Schwester. Dann gibt es Titel wie Oma, Ama, Urli, die „…"-Tante und, und, und. Im Laufe des Nachmittags kamen wir auf dieses Thema zu sprechen. Es ging dabei um meinen Sohn und lustige Anekdoten

---

[6] Denke dir selbst einen Namen ☺

aus seiner Kindheit. Denn auch mein Sohn bekam ihre Liebe und Zuwendung, sowie auch Romana, die Tochter meiner Schwester. Es sind mehrere Generationen von Kindern, denn bereits im Alter von 11-12 Jahren übernahm sie die Mutterrolle für meinen Papa. Meine Oma hatte anderes zu tun, als sich um ihren Sohn zu kümmern, was meiner Tante weh tat und darum übernahm sie die Mutterrolle für ihn bis heute. Wir zählten mal alles an Kindern zusammen, die sie im Laufe ihres Lebens regelmäßig in Aufsicht hatte. Mit allem drum und dran, wie bekochen, dort schlafen, Ferien verbringen, Fahr- und Abholdienste, und so weiter. Wir kamen auf insgesamt 12 Kinder. Worauf ich hinaus will? Das ist ganz einfach. Meine Tante lebt ihre Lebensaufgabe und Berufung mit Hingabe und ich bin mir zu 1000 Prozent sicher, dass sie hier ihre Meisterschaft abgelegt hat. Sie gab einigen Kindern Liebe und mütterliche Fürsorge, was bis heute nachwirkt. Im Familienkreis kann fast jeder etwas darüber erzählen, was er oder sie mit der Tante erlebte. Ich verknüpfe schöne Erinnerungen an ihre Person und da bin ich nicht allein. Meine Nichte bekam ihre Unterstützung, so wie meine Schwester in ihrer Kindheit auch schon. Wir lieben unsere Tante allesamt und sie gibt ein super Beispiel dafür ab, was man unter Berufung und Lebensaufgabe verstehen kann. Das ist aber nur eine kleine Veranschaulichung, die ich gewählt habe, weil es nichts mit Arbeit oder Beruf zu tun hat. Auch nicht mit spirituellen Gaben oder Talenten. Meine Tante ist eine einfache Frau, die das Herz am rechten Fleck hat und hilft, wenn Not am Mann ist, … oder an Frau. Dennoch bin ich der Ansicht, dass sie hoch spirituell wirkt. Aber eben auf andere Weise, wie es die „Eso-Szene" vorgibt. Ich finde, wir müssen weg von der Vorstellung, dass Berufung und Lebensaufgabe etwas mit dem Beruf zu tun haben, oder an besondere Aufgaben geknüpft sein muss. Viele Menschen leben bereits alles, was vom Plan der Seele angedacht war. Dafür muss man nichts „Herausragendes" leisten. Nichts Besonderes tun oder lernen. Herausragend oder Besonders im Sinne von berühmt, bekannt oder mit Orden geschmückt, meine ich. Viele Lebensaufgaben, welche die Menschen leben und umsetzen, sind sehr wohl herausragend und diese Menschen leisten oft Übermenschliches. Sie helfen und wirken aber sehr oft im Hintergrund. Selbst die Oma, die hingebungsvoll die Lieblingsspeisen der Enkel kocht, deren Tränen trocknet, Socken strickt und Obst einweckt, kann ihre Berufung leben und ihre Lebensaufgabe auf höchste Weise umsetzen. Ich möchte damit sagen, dass ich es wichtig finde, dass auch in den nicht so „weltbewegenden" Aufgaben eine Berufung und Lebensaufgabe umgesetzt werden kann. Meine Schwiegermama liebt es seit jeher, alles was Pfoten, Flügel, Schnauze oder Schnabel hat, zu hüten, zu pflegen und aufzupäppeln. Sie kümmert sich um Nachbars Katze, Hund, Meerschweinchen und gerne auch um deren Kinder. Wenn es sein muss, krempelt sie dafür sogar ihre eigenen Vorhaben um und hilft, wo sie kann. Sie würde wohl niemals auf die Idee kommen, zu sagen, dass sie ihre Berufung gefunden hat, oder dass sie ihre Lebensaufgabe lebt. Ich denke das schon. Zumindest ist es ein Teil der Aufgabe, die sie sich in den Lebensplan schrieb. Sie geht darin auf, sie liebt es, sie zieht Kraft daraus. Dann gibt es Menschen, die ihr Können und ihre Gaben an andere weitergeben. In Vereinen, als Trainer, Coach oder Übersetzer. Sie kümmern sich um Fahrräder, reparieren Altes oder Gebrauchtes, basteln oder singen mit Bedürftigen, Kranken oder alten Menschen. Das erfüllt sie und sie blühen in ihrer Aufgabe auf. Oder jemand pflegt ein Hobby, das ihn oder sie total beglückt. Meine Schwester zum Beispiel hat schon seit frühester Kindheit ein Faible für selbstgemachte, naturreine Bio-Kosmetik. Wenn sie Cremes mischen, Duftwässerchen kreieren, eine neue Bodylotion oder Rasierwasser herstellen kann, ist sie glücklich. Und sie kann das richtig gut. Ständig ist sie am Züchten und Ernten von Pflanzen für ihre Kosmetik, sie prüft und schaut nach immer neuen Rezepturen. Sie ist ein wandelndes Naturpflanzen-Lexikon und kennt viele Tricks und Kniffe für hochwertige, wirkintensive Gesichtscremes, Duftsprays und Körperlotionen. Die Familie wird gerne mit diesen Kostbarkeiten beschenkt, und sie überreicht es mit einem Strahlen, das nur Menschen haben, die ihre Berufung gefunden haben. Aber es ist nicht immer zwingend notwendig, dass man daraus einen Beruf macht. Ich bin mir ohnehin nicht so sicher, ob zwischen Berufung und Lebensaufgabe überhaupt ein so großer Unterschied ist. Vielmehr denke ich, dass man mit seiner Berufung eine Lebensaufgabe erfüllt. Diese wiederum ist dazu gedacht, etwas zu lernen, etwas zu geben, etwas zu erfüllen oder aufzuarbeiten. Wie und auf welche Weise dies nun die Seele angedacht hatte, kann man so pauschal nicht sagen. Eine Kundin beispielsweise hatte von heut auf morgen beschlossen, dass sie in Ausbildungs-Kursen lernen will, was man als Sennerin auf der Alm können muss. Um dann später eine Almhütte als Sennerin zu betreuen. Und als sie mir davon erzählte, war für mich klar, dass sie einen tollen Weg einschlagen wird. Monate später hatte sie ihren Plan bereits umgesetzt, eine Stelle als Sennerin für das darauf folgende Jahr ergattert, und für diese

Sommermonate eine Auszeit bei der Arbeit genehmigt bekommen.

Es kann auch sein, dass es schlicht die Lebensaufgabe eines Menschen ist, glücklich und zufrieden zu sein. Allerdings müsste diese Person dann erst mal herausfinden, was sie glücklich und zufrieden sein lässt. Oder aber es ist die Aufgabe eines Menschen, einen Weg zu finden eine Selbstwertthematik zu bearbeiten oder die Selbstliebe zu lernen. Das kann ein ganzes langes Leben dauern, oder auch von einem zum anderen Monat erlernt sein. Je nachdem, wie sich der Mensch dabei anstellt und die Bereitschaft des Lernens aufbringt. Solltest du auf der Suche nach deiner/der Lebensaufgabe oder Berufung sein, dann hätte ich ein paar Ideen, wie du hier auf eine heiße Spur stoßen kannst. Wenn du sie schon gefunden hast oder auch schon lebst, kannst du ins übernächste Kapitel springen.

Wie finde ich meine Lebensaufgabe oder Berufung?

Nun, meistens ist es kein Finden, sondern eher ein Zufallen oder etwas, das mehr und mehr Raum in deinem Leben nimmt. Viele meiner Leser wissen ja, dass ich meine Berufung und die damit verknüpfte Lebensaufgabe keineswegs gesucht habe und schon gar nicht haben wollte. Da wurde eher ich gefunden. Wenn es etwas in deinem Leben gibt, das dir ganz viel Kraft gibt, das dich nährt, dann ist das schon mal ein guter Ansatz. Wenn es etwas gibt, das du sehr gut kannst, vielleicht sogar besser als andere, oder auch auf einzigartige Art und Weise, kann das auch ein Hinweis sein. Wenn du bei einer Sache mit ganzer Hingabe und Herz dabei bist, währenddessen die Zeit vergisst, viel Kraft daraus ziehst und mit einem Grinsen im Gesicht, in dem was du tust, aufgehst, dann ist das ein sehr, sehr starker Hinweis auf eine Berufung oder Lebensaufgabe. Ob es sich nun um singen, stricken, malen, sporteln, tanzen, basteln, rechnen, lesen, schreiben, massieren oder sonst was handelt, das ist völlig egal. Denn, nicht immer muss genau das, was du da gerade machst, schon die komplette Berufung sein. Vielleicht setzt sich deine Aufgabe aus mehreren Talenten und Gaben zusammen. Vielleicht brauchst du auch ein bestimmtes Talent für deine spätere Aufgabe, die jetzt aber noch nicht dran ist. Es kann auch sein, dass es noch gar keine Zeitfenster für deine Lebensaufgabe gibt, weil du noch etwas lernen, verstehen oder bewältigen musst, bevor es losgehen kann. Oft müssen sich auch erst die Lebensumstände ändern, damit du anfangen kannst, deine Berufung zu leben. Und das wiederum kann bedeuten, dass du erst die Bereitschaft für diese

Veränderung der Lebensumstände hervorbringen musst, damit sich alles für deine Lebensaufgabe richten kann. Und zu guter Letzt habe ich es oft miterlebt, dass jemand seine Lebensaufgabe erst in einer neuen Stadt oder in einem anderen Land fand. Wenn du nun festgestellt hast, dass es etwas gibt, das dem, was ich oben angesprochen habe, sehr gleich kommt, dann könntest du dir überlegen, was dies für dich bedeuten könnte. Ich würde ja bei jeder solcher Fragen immer erst meditieren und mit meinem feinstofflichen Team quatschen. Ich würde ein Seelengespräch führen, um herauszufinden, was mein Weg ist. Genau genommen habe ich das viele Male getan. Ich wusste sehr lange nicht, was mein Weg sein würde, und wie ich meine Aufgaben bewältigen könnte. Was meine Berufung und meine Lebensaufgabe sind, wusste ich schon gar nicht. Mein Weg, in meine Aufgabe hinein, dauert bis heute gerechnet seit 1997. Genaueres wirst du später lesen. Das ging in ganz, ganz kleinen Schritten. Obwohl mir schon damals von einigen hellsichtigen Menschen und Astrologen gesagt wurde, dass ich einmal genau diese Art der Berufung leben würde, und dass dies genau meine Lebensaufgabe sei. Ich konnte das nicht glauben und statt Glück überkam mich bei dem Gedanken eher Angst. Hier möchte ich jetzt an dem Punkt weiterschreiben, wo ich wirklich ahne, dass ich als Medium und Heilerin Menschen helfen sollte. Denn, das eine ist die Aufgabe und die Berufung, das andere ist die Reife. Diese hatte ich nämlich ganz bestimmt nicht. Diese Reife, die von Nöten ist, Menschen in tiefsten Krisen beizustehen, ist nicht automatisch da, nur weil ich selbst diese Krisen erlebte oder überwand. Darum brauchte es noch viele Jahre, um zu wachsen, auch um eine gewisse Bewusstwerdung zu erlangen, um den Weg als Wegbegleiterin in Form einer Lebensberaterin dann wirklich authentisch gehen zu können. Das erlebte ich auch bei ganz vielen Klienten/innen. Eine Menge dieser Leute begleite ich nun schon sehr viele Jahre durch ganz viele Stadien ihres Lebens. Bei einigen *ahnte* ich bereits bei der ersten Begegnung, was ihre Berufung und Lebensaufgabe sein würde. Und wir sprachen auch darüber. Nun, einige erschraken zutiefst, genau wie ich damals zu meiner Zeit. Und die anderen hielten es zwar für möglich, wollten aber nicht in die Gänge kommen. Dann gab es welche, die wollten unbedingt dies und das als Berufung ausüben, und alles war zum Scheitern verurteilt. Ich habe „Berater/innen" aller Art. In heilerischen, in spirituellen, in sportlichen, in rechtlichen, in steuerlichen, musischen und künstlerischen Bereichen. Viele dieser Menschen sind wundervolle Lehrer und Berater. Doch etliche scheiterten. Warum? Weil sie selbst noch so viele Baustellen hatten und sie nicht bereit waren, diese anzuschauen und völlig auslagerten. Und, das ist für mich so sicher wie das Amen in der Kirche: Wer nicht authentisch ist, fällt durch die Prüfung. Will heißen, wer seine eigenen Schieflagen unter den Teppich kehrt, ist kein guter Berater oder Lehrer. Denn gemäß dem Resonanzgesetz wird der Klient genau in diese Kerbe schlagen. So kommt keine konstruktive Beratung dabei raus. Einige der Klienten durchliefen tolle Reifeprozesse, wurden nochmal auf Herz und Nieren geprüft, ob ihrer Schieflagen, und alle mussten große Veränderungen in ihrem Leben hinnehmen. Bei den meisten waren es Schieflagen in Beruf und/oder Beziehung. So kam es, wie es kommen musste, nach der Trennung oder dem Arbeitswechsel nahte auch die Erkenntnis, und mit der Erkenntnis nahm die Berufung wieder Raum. Und plötzlich waren die Umstände günstig, die Angebote da, Hilfe oder Unterstützung tat sich auf. Etliche dieser Klienten leben nun ihre absolute Berufung mit Hingabe und großer Freude. Sie sitzen in allen möglichen Betrieben und Behörden, sind Handwerker, Akademiker oder Studenten. Einige machten sich auch selbständig und betreuen und fördern heute mit großem Erfolg Menschen mittels ihrer Talente und Gaben. Bereits mit dem Geburtsdatum und den dazugehörigen astrologischen Daten erwählt sich die Seele für das künftige Leben entsprechende Gaben und Talente. Jedes Geburtshoroskop, beziehungsweise jeder Geburtstag im Jahr, birgt bestimmte Rahmenbedingungen. Innerhalb dieser Rahmenbedingungen sind auch Begabungen und Vorlieben, sowie Ablehnung gegenüber bestimmten Umständen, beziehungsweise Themen verankert. Hat sich die Seele nun ein bestimmtes Sternzeichen und die dazugehörigen Horoskop-Aspekte ausgesucht, sind diese vorrangig mit den zu bewältigenden Aufgaben auf der Erde verknüpft. Braucht eine Seele für die Umsetzung ihres Seelenplans Mut, Optimismus und Umsetzungskraft, so wird sie sich vielleicht in das Sternzeichen Widder inkarnieren. Braucht sie im nächsten Leben Familiensinn und Mütterlichkeit, wird die Wahl vielleicht auf Krebs oder Stier fallen. Bei System und Ordnung wäre es eventuell Jungfrau ... Entsprechend der Aufgaben, die die Seele auf der Erde erwarten, wird sie sich die jeweiligen Konstellationen und astrologische Basisdaten mit ins Leben bringen. Nebenbei möchte ich aber erwähnen, dass dies nichts mit der Horoskop-Deutung in Zeitungen oder bestimmten Medien zu tun hat. Manchmal höre ich den Satz: „Petra, ich bin absolut talentfrei geboren", oder „Ich wünschte, ich hätte irgendeine Gabe." Nun, meines Erachtens kommt es darauf an, wie man Gabe oder Talent definiert. Nicht jede Begabung zeichnet sich dadurch aus, dass sie sofort erkennbar ist. Nicht selten hat jemand jahrzehntelang ein Talent, von dem er überhaupt nichts wusste, bis zu dem Tag, an dem er zufällig darauf stieß. Ich selbst hätte niemals bei mir ein Schreibtalent vermutet. Natürlich kannst du anderer Meinung sein, aber viele Menschen sind der Ansicht, dass ich mich in Wort und Schrift so vermitteln kann, dass es gut verständlich rüber kommt. Manche Begabungen liegen auch einfach brach und werden nicht wertgeschätzt. Vielleicht deshalb, weil der- oder diejenige dieser Begabung keinen Stellenwert beimessen, es unwichtig finden. Doch nicht jedes Talent muss mit Singen, Tanzen, Malen zu tun haben. Sehr viele Begabungen schlummern tief verborgen im Menschen, ohne dass er sich dessen bewusst ist. Manchmal wird diese Begabung auch schon wunderbar gelebt, doch erst wenn ich in der Beratung darauf zu sprechen komme, wird sich mein Schützling dessen bewusst. Manche sind sehr perplex darüber, dass sie eine wundervolle Gabe bereits leben, und werden sich erst beim Reden mit mir darüber klar. Was könnte nun eine Begabung oder Talent in deinem Leben sein? Es gibt die Gabe des Zuhörens, des Helfens, auch jemandem Geborgenheit vermitteln können, ist eine Gabe. Sich stark machen für andere, aus Nichts etwas zaubern können, leckere Speisen zubereiten, kann auch nicht jeder. Menschen in Not auffangen zu können, ist etwas Wunderbares, Tieren Schutz zu gewähren ebenso. Wohnungen oder anderes schön zu gestalten oder Kinder mit Mütterlichkeit und Zuwendung zu verwöhnen, ist eine tolle Gabe. Dann gibt es noch das gärtnerische Talent oder Organisationstalent. Detektivisches, analytisches Gespür hat auch nicht jeder, und so weiter, und so weiter. Sicher könnte man hunderte Talente und

Gaben aufzählen, doch mir geht es darum, dass du dich vielleicht einfach selbst fragst: „Was kann ich besonders gut und was liebe ich, es zu tun?" Damit kommst du ganz sicher an deine (noch) verborgenen Talente heran. Zu guter Letzt wäre es auch eine Idee darüber nachzudenken, was du vor, oder bis zur Pubertät geliebt hast. Wovon du geträumt hast. Was wolltest du werden, wenn du mal „groß" bist? Oft hat das exakt mit deinen Talenten und Lebensaufgaben zu tun, und ging mit dem Erwachsenwerden verloren. Es liegt an dir, dies wieder herauszuarbeiten, in dein Leben zu integrieren und dich auszutoben. Viel Spaß dabei!

Katastrophen und Unglück

Es ist der 22. Juli 2016. Kurz vor Mitternacht sitze ich in einem gemütlichen Sessel und diktiere diese Zeilen in mein Smartphone. Ich bin zutiefst erschüttert und fassungslos. Einige Stunden vorher trugen sich schreckliche Ereignisse in München zu. Ein Amoklauf, der vielen Menschen das Leben kostete. Im diesem Moment ist noch nicht abzusehen, wie viele Menschen noch sterben werden. Mein Papa wohnt in München, Freunde, Klienten ... Vorgestern war ich genau dort, wo sich diese Tragödie gerade abspielt. Lebensplan? Diese Frage geht mir durch den Kopf. Obwohl ich tief im Inneren weiß, dass jede Seele ihren Weg plant, ist es immer unbegreiflich, wenn solche Dinge passieren. Kann es wirklich sein, dass eine Seele beschließt, solch tragische Ereignisse zu erleben? Dass eine Seele ganz bewusst diesen Weg plant, Opfer eines Attentates zu werden? Nun, ich glaube ja. Und auch hierüber möchte ich in diesem Buch schreiben. Nein, nicht über Attentate im Besonderen. Sondern darüber, dass wir wirklich auf der Seelenebene sehr genau planten, welchen Weg wir hier in menschlicher Form gehen möchten. 22 und 7 sind hoch schwingende Zahlen, 22 sogar eine Meisterzahl. Ich beobachte schon seit vielen Jahren, dass Attentate, Katastrophen und schlimme Unglücke sehr oft an Daten mit Meisterzahlen oder spirituellen Zahlen passieren. Die Zahlen 3, 7, 9, 11, 22, 33 sind spirituelle Zahlen, beziehungsweise Meisterzahlen. Oft ergeben die Daten oder Opferzahlen, auch in der Quersumme gerechnet, eine dieser Zahlen. Du kannst dies einfach erforschen, wenn du mal die Daten bestimmter Unglücke im Internet abfragst. Beispiele findest du am Ende des Buches. Haben diese Zahlen nun eine Bedeutung? Und wenn ja, welche? Ich für meinen Teil sehe es so, dass an diesen besonders hochschwingenden Tagen, sich eine Anzahl von Seelen zu einem kollektiven Sterben verabredet hat. Und deshalb auch eine sehr große Anzahl an feinstofflichen Helfern bereitsteht. Diese Helfer nutzen wiederum diese, in der Energie erhöhten Tage, da sie diese Schwingung benötigen, um uns möglichst nahe kommen zu können. Das mag sich für dich vielleicht etwas abstrus anhören. Macht nichts, lies einfach weiter und bilde dir deine Meinung dazu. Wenn sich nun ein solches Unglück oder eine Katastrophe im Weltenplan anbahnt, wissen sowohl die Seelen, die betroffen sein werden, als auch alle feinstofflichen Helfer und Verstorbene auf der anderen Seite, dass dies passieren wird. Sie werden sich zur rechten Zeit, am rechten Ort einfinden und das Richtige tun. Das mutet sich für dich vielleicht schrecklich an, besonders wenn du selbst ein/e Hinterbliebene/r eines solchen Ereignisses bist, doch die Auswirkungen dessen können den Hinterbliebenen eine große Hilfe sein. Dabei kann es sich um ein Dorf, eine Firma, eine Stadt bis hin zu einem ganzen Landstrich oder Erdteil handeln. Durch das Geschehene und die Vielzahl an Toten rücken die Menschen oft sehr nahe zusammen. Ein Ort wird sensibilisiert, in der Folge werden oft Dinge angepackt oder umgesetzt, die vorher nicht möglich gewesen wären. Durch das gemeinsame Sterben und Trauern kann auch mehr bewirkt werden, als wenn eine Seele allein heimgeht. Ich könnte mir vorstellen, dass die verstorbenen beteiligten Seelen einen gemeinsamen Wunsch hatten und etwas ganz bestimmtes bewirken wollten. Wenn man die Auswirkungen einer Katastrophe oder eines schlimmen Unglücks beobachtet, kann man immer wieder feststellen, dass eine Welle der

Hilfsbereitschaft, der Aufopferung und Spendenbereitschaft durchs Land geht. Oft sogar grenzüberschreitend und durch alle Schichten. Denke nur an den Hurrikan Katrina, der damals Haiti verwüstete. Die eigenen Befindlichkeiten rücken in solchen Momenten in den Hintergrund. Helfen und Beistehen hat Priorität wie sonst nie. Ein weiterer Grund könnte sein, und jetzt bitte nicht böse sein, dass damit die Rate der Weltbevölkerung einigermaßen in der Waage gehalten wird. Die Menschen werden immer älter und altern vor allem viel langsamer. Dadurch entsteht ein Ungleichgewicht. Denn es werden ja nicht weniger Kinder geboren. So sorgt eine Naturkatastrophe oft für große menschliche Verluste. Ein weiteres Beispiel wäre, dass nach großen Naturkatastrophen wie in Haiti viele Kinder von dort adoptiert werden. Welche dann anstelle eines Lebens in Armut, in Europa oder einem anderen reichen Land leben dürfen. Das kann durchaus so im Lebensplan vorgesehen sein. Und zuletzt ist es doch so, dass durch viele schlimme Unglücke, wie Atomunfälle, Erdbeben oder Überschwemmungen, die Menschheit mal wieder in ihre Schranken gewiesen wird und erkennen muss, dass ein Umdenken von Nöten ist. Damit das alles geschehen kann, geben wundervolle [7]alte, weise Seelen ihr Leben. Die Hinterbliebenen sind genauso zu achten und wertzuschätzen. Auch sie haben zu vorgeburtlicher Zeit ihr Ja dazu gegeben, sich diesen Erfahrungen zu stellen. Ich habe allergrößten Respekt vor diesen mutigen Seelen und ziehe meinen Hut vor den Betroffenen eines solchen Ereignisses. Ich kann mir noch

---

[7] hier ist nicht das Lebensalter, sondern die Reife der Seele gemeint

nicht einmal ansatzweise vorstellen, welchen Mut es erfordert, einem solchen Lebensplan zuzustimmen. Denn die Seelenwege, die sich daraus entwickeln werden, sind bestimmt nicht leicht zu gehen. Wenn du selbst jemanden durch eine Katastrophe, ein Attentat, Unglück oder einen Terrorakt verloren hast, sei dir bewusst, dass du und die Person, die du verloren hast, eine alte, weise Seele seid.
Auch hier ist es mir wieder ein sehr, sehr großes Bedürfnis darauf hinzuweisen, dass dir und deinen Verstorbenen dieses Unglück zwar widerfahren ist, dass dies aber weder aus Versehen noch ungewollt geschah.
Bitte glaube mir, dass die Seele sehr wohl weiß, dass sie die physische Existenz verlassen wird. Genau darum kann es auch sein, dass im Vorfeld des Geschehnisses bereits bestimmte Aktionen seitens des Verstorbenen unternommen wurden. So, dass die Hinterbliebenen danach Überlegungen anstellen, ob er bereits wusste, dass er gehen muss. Immer wieder höre ich diesbezüglich von Erlebnissen, die darauf schließen lassen, dass sehr viele Seelen, die einem solchen Unglück zum Opfer fielen, das drohende Unheil im Vorfeld bereits erahnten. Doch, auch wenn dich, respektive euch, ein solches Ereignis vollkommen unvorbereitet traf, sei dir versichert, dass die Seele ihren Weg kannte. Auch, wenn eine Seele durch das Ereignis einer Naturkatastrophe oder durch ein Unglück aus dem Körper herauskatapultiert wird, passiert dies nicht unvorbereitet. Mag sein, dass die Seele im ersten Augenblick orientierungslos und etwas verwirrt ist. Doch bereits in diesem Moment werden hohe Lichtwesen oder vorausgegangene geliebte Familienmitglieder als Empfangskomitee bereitstehen. Und auch für dich und all jene, die als Betroffene so ein schreckliches Ereignis verarbeiten müssen, stehen unzählige Lichthelfer und fein-

stoffliche Wesen bereit, um euch und dich zu unterstützen und zu helfen. Gerade in solchen Zeiten „wimmelt" es geradezu von Engeln und „himmlischen Helfern", sowohl im Krisengebiet, als auch bei den Hinterbliebenen und Familien der Verstorbenen. Oft wird mir erzählt, dass Betroffene eines solchen Ereignisses im Nachhinein erzählen, dass sie es immer schon „gewusst" hätten. Sie fühlten bereits seit langer Zeit, dass etwas Schreckliches passieren würde. Oder aber, sie erzählen, dass der oder die Verstorbene/n davon sprachen, dass sie nicht alt werden würden. Oder, dass sie einem Unfall zum Opfer fallen würden. Ich denke, dass hier eine gewisse Vorahnung sehr hilfreich ist. Denn auch über bereits erledigte Nachlässe, Testamente und Absprachen, die die Verstorbenen vorab und sehr oft im Geheimen machten, wird mir oft erzählt. Natürlich kann es auch ganz anders sein. Hier gibt es keine pauschalen Abläufe. Jede Seele ist individuell in ihrem Ausdruck, und genau auf diese Art und Weise wird sie ihren Heimgang auch geplant haben. Bei den Hinterbliebenen ist es auch so, dass jeder einzelne auf seine ganz persönliche Weise mit den Erfahrungen umgehen wird.
An einer für mich sehr spannenden Erfahrung möchte ich dich teilhaben lassen: Einige Tage nach dem schweren Zugunglück in Bad Aibling hielt ich einen medialen Kurs für Jenseitskontakte ab. Das Zugunglück ereignete sich Luftlinie etwa 5 km von meiner Praxis entfernt. Der Kurs gestaltete sich zunächst ganz normal, die Teilnehmer waren schon geschult und kamen bereits zum wiederholten Male, um sich medial weiterzubilden. Am Nachmittag des ersten Tages übten wir in Paar- und Gruppentrainings den Jenseitskontakt. Was dann passierte, konnte ich mir zunächst nicht erklären. Unentwegt meldeten sich

aus dem Jenseits Männer, die diese Botschaft brachten: „Es geht mir gut, mach dir keine Sorgen um mich." So weit, so gut. Das blöde dabei war nur, dass diese Männer aus dem Jenseits niemand zuordnen konnte. Diejenigen, welche die Botschaften von den Männern erhielten, wussten nicht, wer das sein soll. Dennoch war es so, dass diejenigen, die als Medium übten, ganz klare und detailgetreue Beschreibungen der männlichen Seelen hatten. Darum ging ich davon aus, dass es diese Männer im Jenseits wirklich gibt. Das brachte Unruhe und Unverständnis in die Gruppe. Den ganzen Nachmittag über wurden wir nun mit Nachrichten aus dem Jenseits beglückt, die von Männern jeden Alters waren, doch diese Männer konnten nicht zugeordnet werden. Unisono kam die Botschaft, dass man sich keine Sorgen machen müsse. Sie drückten ihre Liebe für die Hinterbliebenen aus und beteuerten, dass es ihnen gut ging. Meistens bekam eine sehr liebevolle und nette Seminarteilnehmerin diese Botschaften. Was dem Ganzen noch die Krone aufsetzte, denn diese Frau hatte nicht einen einzigen verstorbenen bekannten Mann im Jenseits. Am Abend, nach diesem ereignisreichen Tag, wusste ich mir keinen Rat mehr. Ich hatte keine Idee und keinen blassen Schimmer, was dies zu bedeuten hatte. Sowas hatte sich bisher in meinen Seminaren noch nie ereignet. Darum begab ich mich in Meditation und fragte meinen Geistführer, was passiert war. Bereits während ich diese Frage stellte, floss die Antwort in mich ein. Diese Männer waren Opfer des Zugunglücks und nahmen ihre Chance wahr, die sich ihnen bot. Schließlich waren hier angehende Jenseitskontakt-Medien zugange, die üben wollten. Und so nahmen die Verunglückten die Gelegenheit beim Schopf, um ihren Hinterbliebenen mitzuteilen, dass es ihnen gut ging.

Ich wusste zu diesem Zeitpunkt noch nicht, dass es wirklich nur männliche Opfer gab. Das stand am darauffolgenden Montag erst in der Zeitung. Leider konnten wir diese Botschaften nun nicht weitergeben, da wir die Hinterbliebenen nicht kannten. Ich erzähle das hier im Buch auch nur aus einem Grund. Die Männer zeigten sich allesamt schön. Keines der Zug-Opfer zeigte sich verletzt oder deformiert. Alle erschienen in gesunder und wohlbehaltener körperlicher Form. Für viele Hinterbliebene ist es eine große Qual, sich vorzustellen, dass ihre Lieben leiden mussten und die Körper geschunden und deformiert waren. Doch zeigt das Ereignis bei meinem Seminar, dass bereits einige Tage nach diesem schrecklichen Unglück alle Verstorbenen wohlbehalten und in tadelloser, guter Verfassung waren. Nachdem ich Kenntnis davon hatte, dass es sich bei diesen männlichen Besuchern um die Zugunglück-Opfer handelte, erzählte ich am darauffolgenden Morgen meinen Seminarteilnehmern davon. Für alle Teilnehmer fühlte es sich absolut stimmig an. Zumal diese Männer immer mitgeteilt hatten, dass sie an einem „Unfall" verstorben seien. Aber keine genaueren Kenntnisse darüber gaben, welche Art von Unfall. Das ließ darauf schließen, dass sie sich erst noch mit Hilfe ihrer Lichthelfer einen Überblick über die Ereignisse verschaffen mussten.

Wir beschlossen, gemeinsam für die Opfer und ihre Angehörigen zu beten. Und baten die verstorbenen Seelen sich nach dem Licht auszurichten, nach den feinstofflichen Helfern Ausschau zu halten und diese zu begleiten. Nach unserem Gebet und der Bitte um Heilung aller Beteiligten, kam es zu keinem einzigen unverstandenen Kontakt mehr. An diesem Tage konnten alle Jenseitskontakte ganz klar zugeordnet, verstanden und geklärt werden. Auch die Botschaften waren nun wieder ganz persönlicher Art und für die jeweiligen Übungspartner passend. Vielleicht ist dies dem einen oder anderen ein kleiner Trost.

Weil es für ein Medium das Allerwichtigste ist, dass die Botschaft übermittelt wird, hoffe ich nun insgeheim, dass vielleicht ein Familienmitglied eines der Unglücksopfer diese Zeilen liest. Sollte es so sein: „Deinem Lieben geht es gut!"

Organspende und Sterbehilfe?

Im Zusammenhang mit Unglück, Unfällen und Katastrophen sehen sich viele Familienangehörige oft unvermittelt vor eine schwere Entscheidung gestellt. Entweder werden sie aufgefordert, über eine Organspende des verunglückten oder verunfallten Familienmitgliedes nachzudenken und diesbezüglich eine Entscheidung zu fällen. Oder sie sollen verfügen, ob Maschinen abgeschaltet oder andere lebenserhaltende Maßnahmen eingestellt werden. Das kann die Betroffenen, gerade in einer solchen Ausnahmesituation, in einen großen Zwiespalt bringen. Besonders, wenn vorher nie darüber gesprochen wurde. Oder, weil es keine entsprechende Verfügung gibt. Vielleicht auch, weil es sich um ein Kind handelt oder die Person, um die es geht, noch sehr jung ist. Ganz gleich durch welchen Anlass man vor solchen Entscheidungen steht, es bringt die Angehörigen immer in eine große Zwangslage. Ich möchte auch in keiner Weise für oder wider eine dieser Entscheidungen sprechen. Denn, solche Situationen sind so persönlich, so dramatisch und schrecklich, dass eine außenstehende Person nichts dazu sagen kann. Ich werde daher nur meinen eigenen inneren Konflikt mit diesen Themen aufzeigen, um vielleicht den einen oder anderen Impuls zu geben. Aber auch, weil ich es äußerst wichtig finde, dass in Familien und Partnerschafen über diese Dinge gesprochen wird. BEVOR etwas passiert und ein Anlass dazu zwingt, sich damit in einer Not- und Ausnahmesituation auseinanderzusetzen. Zunächst einmal möchte ich darauf hinweisen, dass ich nicht glaube, dass es einem Außenstehenden möglich ist, gegen den Willen der Seele und gegen den Lebensplan einzugreifen. Weder mit einer Organspende, noch mit

Sterbehilfe. Um genau zu sein, glaube ich, dass es unmöglich ist, wenn die Seele nicht auf einer anderen Ebene zugestimmt hat. Genauso verhält es sich, meiner Meinung nach, mit einem Organ, das die Seele nicht hergeben und möglicherweise mit ins Grab nehmen möchte. Vielleicht hört sich das für dich komisch an. Aber das ist meine Überzeugung. Ich kann dir auch keinen Grund nennen, warum eine Seele dagegen sein könnte, aber sie fände einen Weg, dass es nicht zur Organspende käme. Dennoch, oder gerade deshalb, ist es umso schwieriger, hier eine eindeutige Meinung zu vertreten und Stellung pro oder contra Sterbehilfe, Organspende zu beziehen. Da ich glaube, dass es Milliarden verschieden geartete Lebenspläne gibt und nicht zu vergessen die Wenn-, Oder-, Aber,- Vielleicht-Optionen, die im Buch ja schon beschrieben wurden. Manchmal stellt sich auch eine Seele mit diesem Thema für uns zu Verfügung, so dass wir eine Erfahrung machen können. Dann geht es um dich und nicht um die Seele, die deine Entscheidung braucht. Bleiben wir mal bei der Organspende. Hättest du mich vor noch einigen Jahren gefragt, ob ich einen Spenderausweis habe, wäre meine Antwort ein überzeugtes „Ja, aber natürlich" gewesen. Fragst du heute, und das kann sich durchaus wieder ändern, sage ich: „Nein, im Moment nicht." Warum? Weil ich meine Meinung hierzu ständig revidieren muss und ich hin- und hergerissen bin. Es gibt so viele Ja`s für die Organspende, dass ich lange Zeit selbst einen Ausweis hatte. Ich war auch immer der Meinung, dass es die jetzige Zeit halt einfach erlaubt, und da so großartige medizinische Schritte gemacht wurden, auch genutzt werden sollte. Immerhin geht es um Leben und Tod. Im Grunde gibt es überhaupt keinen Grund, nicht Spender zu sein. Zumindest, wenn man weiß, dass die Seele im Jenseits keinen Körper mit funktionierenden Organen braucht. Und, wenn es für die Angehörigen erträglich ist, zu wissen, dass sie die geliebten Menschen „unvollständig" bestatten müssen. Außerdem hört oder liest man ja auch immer wieder von großartigen Geschichten. Zum einen finden sich Liebespaare, zum anderen entstehen wunderschöne Freundschaften oder es finden sich Geschwister auf diese Weise (wieder). Die Medien sind voll von rührenden Geschichten zwischen Spender und Empfänger. Und für alle Beteiligten gibt es ein Happy End. Doch je länger ich mit den feinstofflichen Dingen befasst bin, umso mehr lerne ich über den Print, den jeder Mensch auf jeder Materie hinterlässt. Auch darüber, dass Materie immer Informationen weitergibt, wird in der Wissenschaft lange schon kein Geheimnis mehr gemacht. Und das ist ein Grund für mich, dieses Thema noch einmal von einer anderen Seite zu betrachten. Wenn nun ein Organ in einen anderen Menschen eingepflanzt wird, muss es unweigerlich dazu kommen, dass der Empfänger Informationen aus dem Leben des Spenders bekommt. Wenn ich dabei an ein Herz denke, wird mir ziemlich mulmig. Es wird auch immer wieder in den Medien berichtet, dass sich so mancher Empfänger nach der Spende anders oder seltsam verhält. Mal auf positive Weise, mal auf eher eigentümliche Weise. Für mich ist das vollkommen nachvollziehbar. In meiner Ausbildung zum Medium mussten wir lernen, Gegenstände und deren Energie zu spüren. Quasi die Informationen über ihre Besitzer zu ergründen. Das klappt ganz hervorragend. Dabei kannst du viele Wesenszüge, Eigenschaften und auch materielle, ortsbezogene Daten des Besitzers aus den Gegenständen herausfiltern. Und das ohne irgendeine Vorabinformation. Ich mache das

manchmal im Zuge meiner Öffentlichkeitsarbeit. Es ist kein fauler Trick und jeder kann das lernen. Dies ist eine Gabe, die alle von Geburt an haben. Um wie vieles potenzierter „erzählt" dann ein Organ die Lebensgeschichte seines Vorbesitzers und beeinflusst den Empfänger?
Wenn ich mir nun vorstelle, dass man ein wildfremdes Organ bekommt. Und dieses Organ die Informationen, die es trägt, in den Spender unweigerlich einfließen lässt, dann kann ich mir sehr wohl ausmalen, dass sich das für den Empfänger sehr komisch anfühlen muss. Mir geht es ja manchmal schon so, dass ich die Energie eines Lebenden nicht spüren mag, weil es mir unangenehm ist. Wie wäre es also, wenn ein solcher Energieträger fest in mir verankert ist und seine Informationen ständig an mich abgibt? Du siehst also, das ist kein Thema, bei dem ich klar Stellung beziehen möchte. Zumal ich einige Menschen kenne, die dringend ein neues Organ brauchen und auf der Warteliste stehen. Ich kann sehr gut nachvollziehen, dass eine Mama alles, wirklich alles für ein lebensrettendes Organ für ihr Kind tun würde. Oder, dass ein Familienvater, ohne lange zu überlegen, ein Spenderorgan annimmt, welches es ihm ermöglicht, noch lange für seine Familie da zu sein.
Als unser Sohn Dominik im Sterben lag, hätte ich keine Sekunde gezögert, alle seine Organe zu spenden. Nur, um einer Familie das zu ersparen, was wir durchmachen mussten. Wie mein Mann dazu steht, weiß ich nicht. Wir mussten uns mit dieser Frage nicht auseinandersetzen, da Dominik schlussendlich an einem Multiorganversagen starb. Aber ich kann mir sehr gut vorstellen, dass dieses Thema bei den Familien der Spender zu großen Konflikten führen kann. Also bitte, sprich beizeiten dieses Thema an und frag deine Angehörigen, wie sie selbst dazu

stehen. Und tu deine Meinung auch kund. Für viele meiner Leser ist es vielleicht noch wichtig, zu erfahren, dass es für die Seele ohne Belang ist. Sie legt keinen Wert auf einen intakten Körper, denn diesen braucht sie im Jenseits nicht mehr. Alle meine Sittings, in denen es um körperliche Defizite ging, haben aufgezeigt, dass die Seele im Jenseits immer „heil" ankommt.
Wenden wir uns dem Thema Sterbehilfe zu. Es gibt zwei verschiedene Arten von Sterbehilfe. Die aktive und die passive. Die aktive Sterbehilfe ist ein schneidiges Schwert. Doch ich kann es nachvollziehen und auch verstehen, dass das jemand einfordert oder jemand dabei hilft. Ich vertrete die Meinung, dass es mir selbst zugestanden werden muss, zu entscheiden, wenn, wann und auf welche Weise ich gehen möchte. Ich kenne aktuell zwei Menschen, die bei nahen Familienangehörigen aktive Sterbehilfe leisteten. Doch das ist ein Los, das schwer zu tragen ist. Keiner der beiden ist sich restlos sicher, das Richtige getan zu haben. In beiden Fällen ist es im Ausland passiert. Somit darf ich hierüber reden, ohne dass ich mich irgendwie selbst abschieße. In beiden Fällen handelte es sich um Erkrankungen, die unweigerlich zum Tode geführt hätten. Und in beiden Fällen war es auf Wunsch der Sterbenden geschehen. Was soll man davon halten? Mach dir dein eigenes Bild. Ich verurteile niemanden. Ich kann es gut verstehen und ich weiß nicht, was ich machen würde, wenn mich eine geliebte Person darum bitten würde.
Auch in dieser Thematik bin ich absolut sicher, dass niemand aus „Versehen" stirbt. Also auch mittels Einwirkung von Dritten keine Seele den Körper verlässt, wenn die Zeit dafür nicht reif ist. Wir alle kennen zig Beispiele von Menschen, die „eigentlich" tot sein müss-

ten, aber dem Tod ein Schnippchen schlugen. Und genau so viele Beispiele gibt es für Menschen, die starben, obwohl nicht nachvollziehbar ist, woran oder warum. Weil es die Situation gar nicht mit sich brachte, dass man „so" sterben kann. Deshalb dreht es sich für mich auch gar nicht darum, dass man jemanden tötet. Sondern vielmehr darum, was man damit auf sich lädt. Was man sich in seinen Rucksack packt, wenn man „es" tut. Ist es ein Akt der Liebe, der im Jenseits beklatscht wird, ob des Mutes, den die Person mit ihrer Sterbehilfe für die heimkehrende Seele geleistet hat? Oder wird man damit konfrontiert, dass man dies nie und nimmer hätte tun dürfen, weil man in das Leben einer anderen Seele eingegriffen hat? Ich weiß es nicht. Was ich aber sagen kann: dass die Seelen im Jenseits, die bisher zu mir in Sittings durchkamen, und es um Sterbehilfe ging, nur gute und tröstende Worte für ihre Hinterbliebenen hatten. Es kam zur Sprache, dass alles im Einklang mit dem Seelenplan geschah und sie ihre Einwilligung für diesen „letzten Akt" auf irgendeiner Ebene gegeben hatten.

Nun zur passiven Sterbehilfe. Diese kommt dann zum Tragen, wenn der Tod „eigentlich" so gut wie sicher ist, bzw. wenn jemand im Koma oder im Sterben liegt und keine Aussicht auf eine Veränderung oder Besserung besteht. Die Ärzte schalten, mit der Erlaubnis der Angehörigen, die Maschinen ab, lassen aber die schmerzstillenden Medikamente weiterlaufen. Nur die Beatmung oder Herz-Lungenmaschine wird abgesetzt. Oder auch entsprechende lebensverlängernde Medikamente. Mein Mann und ich waren dieser Situation ausgesetzt, als unser Sohn Dominik mit dem Tode rang. Die Ärzte waren der Ansicht, dass lebenserhaltende Maßnahmen nicht mehr sinnvoll seien, und dass wir uns überlegen sollten, einer

passiven Sterbehilfe zuzustimmen. Zu diesem Zeitpunkt begann bereits das Organversagen, welches eine weitere Operation unmöglich machte. Uns wurde erklärt, dass es nur zwei Richtungen gäbe, eine ins Leben, eine in den Tod. Doch wie lange das dauern würde, bliebe er an den Maschinen, das vermochten die Ärzte nicht zu sagen. Würden wir nun die Maschinen abschalten und nur die medikamentöse Versorgung weiterlaufen, wäre Dominik gezwungen, zu kämpfen oder aufzugeben. Wir entschieden uns dafür, die Maschinen abzuschalten. Ich hoffte zwar auf ein Wunder, tief im Herzen wusste ich aber, dass unser Sohn ins Licht heimkehren wollte.
Du siehst, dieses Thema ist so komplex, so individuell und facettenreich, dass ich mir diesbezüglich nicht anmaßen werde, zu sagen, etwas sei richtig oder es sei falsch. Diesen Weg muss jeder, der damit konfrontiert ist, selbst gehen. Es geht sich aber leichter, wenn man sich bereits vorab, ohne Zwang, Gedanken darüber macht. Mein Mann und ich hatten bereits über dieses Thema gesprochen, noch bevor die Ärzte auf uns zukamen. So waren wir uns einig und konnten gemeinsam für unsere Entscheidung einstehen. Dominiks Weg war so klar, wie er nur sein konnte. Er ging in dem Moment ins Licht, als wir ihm sagten, dass er gehen darf und wir ihm versprachen, dass Mama und Papa es zusammen schaffen würden.

Weckrufe, Lebensentscheidungen und die Komfortzone

Ein Weckruf ist ein Ereignis, ein Geschehen, etwas, das dir widerfährt und eine große Auswirkung auf dein bisheriges Leben hat. Mit einem Weckruf bleibt meist kein Stein auf dem anderen und wir sehen uns gezwungen, unserem Leben eine neue Richtung zu geben. Entweder, weil durch besagte Ereignisse das bisherige Leben schlichtweg nicht mehr möglich ist. Oder, weil wir durch die Geschehnisse erkannt haben, dass wir „so" nicht weiterleben können.
Und wenn es nun nicht die ganz großen, dramatischen Unglücke, Katastrophen und Begebenheiten sind, sondern die, die dich unbewusst piesacken und in dir für Unruhe sorgen? Wenn es etwas ist, das diffus und nicht greifbar in dir rumort. Etwas, das du nur ahnst und gar nicht auf den Punkt bringen kannst …? Dann ist das, meiner Erfahrung nach, ein noch sehr zaghafter Weckruf deiner Seele, dem ich an deiner Stelle unbedingt nachkommen würde. Dann würde ich dir empfehlen, tief in dich hineinzuspüren. Ganz genau zu hinterfragen, dem Gefühl einen Raum geben. Denn, auch das können ganz wichtige Impulse deiner Seele sein. Oft neigen wir dazu, unseren Lebensplan zu sabotieren, weil wir innerlich davor zittern, eine Veränderung herbeizuführen. Weil wir unbewusst schon lange wahrnehmen, dass etwas getan, verändert, sich umorientiert oder abgewandt werden sollte. Doch wir haben nicht den Mumm oder zu viel Angst, das anzupacken. Warum denn …? Weil wir Menschen sind, und die meisten Menschen wurden in der Kindheit auf die eine oder andere Weise programmiert und manipuliert! Das ist eine ganz einfache Feststellung meiner-

seits und beinhaltet keinen Vorwurf an irgendjemanden. Ganz im Gegenteil, gehe ich davon aus, dass es mir trotz bester Vorhaben auch nicht gelungen ist, dies bei meinem Sohn zu vermeiden. Wir tragen alle sehr viele Muster von Versagensängsten, Minderwertigkeitsthemen, Mangeldenken und Selbstwertthematiken in uns.

Wer kennt sie nicht, Sätze wie: „Etwas Besseres kommt nicht nach", „Es wird dir nichts geschenkt", „Was sollen denn die Leute denken?", „Geld muss erarbeitet werden, das wächst nicht auf den Bäumen", „Solange du deine Füße unter meinen Tisch stellst ...", „Lehrjahre sind keine Herrenjahre ..."

Oder noch besser diese hier: „Du bist zu dumm, um ...", „Stell dich nicht so an", „Wer bist du schon, dass ...", „Aus dir wird nie was!", „Ich wollte dich gar nicht ...!", „Das kannst du nicht ...!"

Diese und ähnliche „Mantren" bewirken natürlich Verhaltens- und Denkmuster, die bei den Kindern angelegt werden. Und diese lösen sich nicht auf, nur weil man erwachsen wird. Im Gegenteil, bis wir unser Leben dann selbst in die Hand nehmen, sind diese „Wahrheiten" fest in uns verankert, und wir sind uns gar nicht mehr bewusst, dass wir unser Leben danach ausrichten. Oder, dass wir aufgrund solcher Programmierungen zu Angsthasen und Duckmäusern werden. Niemand hat uns gelernt, Dinge zu verändern, niemand hat uns Mut gemacht, gegen den Strom zu schwimmen oder nein zu sagen. Das ist im Erwachsenenalter dann dran und muss mühevoll erlernt werden. Es kommt natürlich auch darauf an, welches Geburtsjahr du hast, denn je jünger du bist, umso weniger wirst du das alles so erlebt haben. Das wünsche ich mir zumindest für dich. Die jüngeren Generationen von Eltern prägen ihre Kinder bei weitem nicht mehr so, wie es z. B. bis in den Anfang der 70er Jahre war. Die neue Generation von Eltern versucht ihre Kinder bereits mit all ihrer Liebe, Fürsorge und dem Wissen der neuen Zeit in das Erwachsenenalter zu begleiten. Diese Papas und Mamas helfen ihrem Nachwuchs bestmöglich, groß zu werden. Sie geben ihnen Wurzeln, bestärken sie, machen sich für ihre Kinder stark. Vor allem beobachte ich, dass die heutigen Mamas und Papas ihren Buben und Mädels nicht mehr die Flügel stutzen, sondern sie bestärken, trotz Widerstände ihre Wünsche zu leben. Natürlich bestätigen auch hier die Ausnahmen wieder die Regel. Vielleicht fragst du dich gerade, was das jetzt alles mit der Kapitelüberschrift zu tun hat? Alles, denn ob wir den Weckruf hören ist das Eine, ob wir ihn annehmen ist das Andere. Und wie wir damit umgehen, ist das Entscheidende. Viele sabotieren sich selbst so sehr, dass sie es tatsächlich nicht merken, dass die Seele schon lange schubst. Dass es schon kurz vor zwölf ist, wie man so schön sagt. Manche blenden ihre Baustellen so sehr aus, dass sie völlig aus der Bahn geworfen werden, wenn dann etwas geschieht, was sie nicht kommen sahen. Dies geschieht aber nie ohne Vorwarnung. Bei allen meinen Klienten, mit denen ich über diese Thematik Gespräche führte, stellte sich am Ende des Coachings heraus, dass es viele, viele Anzeichen für ein bevorstehendes Gewitter gab. Dass die Schieflagen aber einfach ausgeblendet wurden. Und dann kam ein Donnerschlag, der meine Klienten eiskalt erwischte. Oftmals so, dass das, was geschah, sich völlig ihres Eingriffs entzog. Sie wurden scheinbar Knall auf Fall verlassen, gekündigt, betrogen oder schlimmer noch, schwer krank. Meist kommen die Menschen, wenn sie an diesem Punkt angelangt sind, zu mir. So nach dem Motto: „Es ist eh schon alles wurscht, da kann es nicht schaden zur Petra zu gehen." Dass die Petra nicht mit dem Zauberstab wedelt, sondern auch noch den Finger in die Wunde legt, das wissen die meisten schon. Ich sage das immer bereits am Telefon, dass ich von meinen Klienten Mitarbeit erwarte. Also, wenn nun eine der unten aufgeführten Situationen in deinem Leben Raum genommen hat, dann ist es an der Zeit, sich damit zu befassen:

Entweder du spürst schon lange deinen Weckruf, kommst diesem aber nicht nach. Dann kann es sein, dass du immer noch den Ansprüchen der anderen genügen möchtest, dass du fühlst, dass dem Nachkommen deines Weckrufs mit Verlusten im Freundeskreis einhergehen würde. Entweder weil du dich zu sehr verändern würdest, oder weil deine Freunde/Familie mit dem, was ansteht, nicht klar kommen würde. Oder aber du befindest dich in folgender Situation:

Längst schon hast du das Gefühl, dass du etwas ändern möchtest, dass du das Ruder herumreißen musst, um deinem Leben eine andere Richtung zu geben. In einem der großen Lebensbereiche, die da wären: Wohnen, Arbeiten, Beziehung, fühlst du schon lange, dass du dich zu neuen Ufern aufmachen möchtest. Vielleicht spielst du länger schon mit dem Gedanken in eine andere Stadt zu ziehen, dich beruflich zu verändern, oder die Zweisamkeit mit deinem Mann/deiner Frau erfüllt dich nicht mehr. Zusammengefasst könnte man vielleicht sagen, dass du dich mit deinem Leben nicht mehr wohl fühlst. Es hat aber nichts damit zu tun, dass das große „böse Schicksal" zugeschlagen hätte, sondern dass dich das Leben ausgebrannt hat.

Möglicherweise liegst du aber auch im Moment am Boden und weißt nicht, wie du dich wieder hochrappeln kannst. In solchen Zeitfenstern kommt es vor allem darauf an, wieder aufzustehen und nicht liegenzubleiben. Bist du ein Aufsteher oder ein Liegenbleiber? Ein Anpacker oder Stehenlasser? Das alles wird Auswirkungen darauf haben, wie du mit deiner gegenwärtigen Situation umzugehen vermagst. Wie du mit deinem Weckruf, den damit verbundenen Lebensentscheidungen und deiner Komfortzone agierst. In der Komfortzone bleiben wir gerne, wenn wir uns den Schritten, die auf uns zukommen würden oder wenn wir uns darauf einließen, etwas zu ändern, nicht gewachsen fühlen.
Ich vergleiche die Komfortzone mit einem sehr, sehr bequemen Sofa. Dort liegst du dann und räkelst dich wie eine Katze. Du schlummerst dösig weiter und blendest aus. Dass die Wäsche gewaschen oder gebügelt werden sollte, die Steuer gemacht oder der Boden gesaugt werden muss. Dass der Kühlschrank leer und der Briefkasten voll ist. Nicht so schlimm, meinst du. Ja, da stimme ich dir zu. Wenn du es ein-zweimal so machst, dann ist das kein Thema. Wenn du aber gar nicht von deinem Sofa hochkommst und die Dinge, die erledigt werden müssen, immer mehr werden und sich alles anhäuft. Dann, ja dann, wird das sehr unangenehme Folgen für dich haben. Dabei merkst du gar nicht, dass das Sofa mittlerweile ausgebeult und schmuddelig ist, dass die Federn zwicken, und du inzwischen schon Kreuzschmerzen vom Rumliegen hast. Alles symbolisch gesprochen, gell. Nun ist es so, dass du die Arbeit, die auf dich wartet, einfach weiter liegen lässt, du dich um gar nichts mehr kümmerst, auch nicht um dich selbst. Vor allem nicht um dich selbst. Doch du findest keine Möglichkeit, dich aus dem indes-

sen sehr unbequemen Sofa zu erheben. Schließlich wartet ja die ganze blöde Arbeit. Außerdem tut dein Kreuz weh, und du selbst bedürftest währenddessen auch einer Rundumerneuerung. An diesem Punkt hat die Komfortzone zwar nichts mehr mit Bequemlichkeit zu tun, aber das, was da außerhalb des Sofas alles auf dich wartet, macht es dir fast unmöglich, dich zu erheben. Du siehst keinen Weg, hast keinen Plan, keine Struktur, um dem ganzen „Saustall" um dich herum beizukommen. Da kann es durchaus sein, dass du noch sehr viel länger in dieser Zone ausharrst, wohl wissend, dass es dich irgendwann einholt: Das Chaos und die Konsequenzen. Doch es schreckt dich, du hast vielleicht Angst davor, dass du das alles nicht mehr bewältigen kannst. Und du siehst den Wald vor lauter Bäumen nicht mehr. Die Bäume sind in meiner Analogie die Aufgaben, die sich vor dir auftürmen. Spätestens jetzt solltest du mit einem kraftvollen Sprung in die Höhe schnellen, dass es nur so kracht …

Doch tust du es? Der/die eine ja, der/die andere nicht. Das kommt dann wieder auf die jeweiligen Erziehungsmuster und auf die Programmierungen an. Und auf dein ganz persönliches Wesen ebenso. Ich bin die Macherin, ich packe an und ich bin mutig. Das wird mir oft zum Vorwurf gemacht oder auch entgegengehalten, wenn es um dieses Thema geht. Ja, dem stimme ich auch zu, dass nicht jede/r so mutig und entschlossen oder auch entscheidungskräftig wie ich ist. Doch auch du hast diese Wesenszüge in dir und dann ist es auch möglich, diese aus dem Rucksack zu holen und diese Werkzeuge bewusst einzusetzen. Glaube mir, es ist eine Selbstbefreiung! Und, was hast du schon zu verlieren? Gar nichts, denn dort, wo du dich jetzt befindest – auf dem Boden, in der Bredouille, in der Komfortzone – da geht nichts mehr. Aus, vorbei, festgefahren ist deine Situation! Ja, ja, ich weiß schon. DU weißt genau, wo das hinführen wird, wenn du jetzt dieses oder jenes machen würdest. Stimmt aber nicht. Schließlich warst du noch nie, niemals in der gleichen Situation wie jetzt oder heute. Das hatten wir schon, etwas früher in diesem Buch. Du erinnerst dich? Niemals erleben wir zweimal die gleiche Situation. Genau darum kannst du nicht wissen, was es dir bringen wird, wenn du diese jetzt veränderst. Außer du bist eine Wahrsagerin oder ein Hellseher. Nein, Spaß beiseite. Ich nehme dich und deine Situation sehr ernst. Aber ich möchte dir dennoch ein paar Impulse geben und dich motivieren, deine jetzige Position zu verlassen. Und wenn du dich durch das „miese Schicksal" in einer aussichtslosen und unvorhergesehenen Situation befindest, gilt meine Aussage doppelt. Du kannst es drehen und wenden, wie du willst. Egal auf welche Weise dir deine Seele mitteilt, dass etwas in deinem Lebensplan dran ist. Egal, ob der Weckruf laut oder leise ist. Egal, ob du dir deiner neuen Lebenswege bewusst bist oder du noch in der Komfortzone dahindümpelst. Nichts wird dich davor bewahren, in die Kraft, in die Entscheidung und Umsetzung zu gehen. Ich empfehle, es dann lieber freiwillig und selbstbestimmt zu tun. Rapple dich auf, hole dir Hilfe, mach einen Plan. Analysiere deine Situation und die Möglichkeiten. Stelle dich den Herausforderungen und sei wieder der Kapitän deines Lebensschiffs. Nur so wirst du die Aufgaben und Schieflagen in deinem Leben angehen können. Ich weiß, das hört sich nach Phrasen an und wenn man da drinnen steckt, kommt das auch nicht wirklich gut. Dennoch, die meisten Phrasen entspringen direkt aus dem Leben. Sie sind das, was man nicht hören möch-

te, eben weil man weiß, dass es genau den Nagel auf den Kopf trifft. Erst, wenn man sich in einer ausweglosen Situation sieht, kommt die Bereitschaft für Veränderung. Zumindest ist das meine Erfahrung aus früheren Zeiten. Nicht eine Minute eher kommt die Idee, etwas zu ändern. Sehr oft befürchtet man auch, dass durch das, was uns an Veränderungen abverlangt wird, sich der Freundeskreis ändert. Wie oft hörte ich in all den vergangenen Jahren: „Petra, du hast dich so verändert" und „Petra, du hast eine komische Sichtweise und Einstellung gewonnen." Oder: „Petra, ich verstehe dich nicht mehr, du bist so anders geworden." Komischerweise kamen oder kommen diese Aussagen von Leuten, die früher auch nicht mit mir zufrieden waren. Denen meine „Art" der Betrachtung auch früher schon nicht zusagte. Oder, die mir auch damals gerne vermittelten, dass sie mit mir im Allgemeinen, oder mit meiner Sichtweise im Besonderen nicht einverstanden waren. Na, was hat man denn dann schon zu verlieren?
Ich habe viele „sogenannte" Freunde verloren. Noch viel mehr Bekannte und so einige lockere Bekanntschaften haben sich in Luft aufgelöst. Nun gut, mit leichtem Gepäck lebt es sich auch leichter. Und diese Beziehungen waren schweres Gepäck, also was soll's? Ich weine niemandem eine Träne nach, der oder die von mir verlangt, dass ich nach ihren/seinen Vorstellungen zu sein oder zu leben habe. Mit der Familie verhält es sich da auch nicht viel anders. Ich denke, dass du das sehr gut kennst. Denn diese Familienbande sind es ja meist, die uns in unseren Gewohnheiten und Verhaltensweisen festhalten lassen. Die Angst, hier zu versagen, jemanden zu verlieren, wiegt oft schwer. An dieser Stelle sei gesagt: Meiner Meinung nach sind wir auch in einer Zeitqualität, wo sich

Seelen als Familien zusammenfinden, die nicht durch das Blut geprägt sind. Immer mehr und immer öfter erlebe ich es, dass Menschen sich zusammenschließen und auf liebevollste Weise miteinander umgehen, so als wären sie Familie. Oder so, wie man sich das in seiner eigenen Familie wünschen würde. Und wer sagt, dass das nicht so sein kann. Dass das nicht in Ordnung wäre? Wenn du jemanden kennenlernst, der oder die über die Zeit hinweg, wie ein Vater oder eine Mutter für dich sind, ist das doch was Wunderschönes. Oder, wenn du dir immer einen liebevollen Bruder gewünscht hast, und dein eigener ist dessen nicht fähig oder mächtig. Warum solltest du dir dann ein schlechtes Gewissen einreden, nur weil es in deinem Leben einen Mann gibt, der für dich DER Bruder wurde, obgleich ihr nicht verwandt seid?

Was ich damit aufzeigen möchte, ist, dass du dich so sehr verändern und über dich hinauswachsen kannst und darfst, wie du es selbst möchtest oder es dir wünschst. Und es werden immer neue Menschen in deinem Leben auftauchen, mit denen du eine Verbundenheit spürst. Menschen, die dir Freunde sind, Familie oder auch Lehrer. Das alles fängt an, wenn du die Bereitschaft hast, dich aus deiner Komfortzone herauszubegeben. Oder, wenn du wegen eines „Unglücks" am Boden liegst und wieder aufstehst. Dann kann es weitergehen und die Seele kann „Zufälle, Chancen und Möglichkeiten" für dich kreieren, neue Lebenswege können sich anbahnen. Und dein Lebensplan kann auf beste Weise umgesetzt werden. Was aus meiner Sicht ein sehr oft begangener Irrtum ist, dass man lieber gar keine Entscheidungen trifft, als eine falsche. Falsch gibt es zwar in meiner Denkweise nicht. Aber du weißt schon, wie ich das meine. Also hier möchte ich ausdrücklich darauf hinweisen, dass es dann meist ganz dick kommt. Man kann diese Zeiten nicht aussitzen. Weder auf dem Komfortsofa, noch am Boden liegend. Dann schon lieber eine Entscheidung in die scheinbar falsche Richtung, doch zumindest geht es weiter. Und Fortschritt ist in diesen besonderen Zeiten sehr, sehr wichtig. Sich neu erfinden, sich neu erproben, egal was und wie. Weitergehen, nicht stehen oder liegen bleiben. Und, wie heißt es? Aufstehen, Krone zurechtrücken, lächeln, weitergehen! Wenn ich nicht weiß, was oder wie oder wohin. Egal. Mein Mantra in solchen Zeiten ist immer: „Ich weiß nicht wie, ich weiß nur, dass …!"

Pippi-Magie

Mit deiner Lebensaufgabe verhält es sich ganz einfach! Mache es wie Pippi L. aus einer Fernsehserie. Sie war unangepasst, lebensfroh und fröhlich. Sie machte sich ihre Welt, so wie es ihr beliebte. Was ihr nicht gefiel, nahm sie kurzerhand in die eigene Hand. Es war ihr schnurzpiepegal, wie sie aussah, welchen Eindruck sie hinterließ und ob es den anderen gefiel, was sie machte und dachte. Ihre übernatürlichen Kräfte nutzte sie nie gegen andere, sie fluchte wie ein Rohrspatz, aber war nie böse. Vor allen Dingen war sie sehr hilfsbereit. Ihr Blick aufs Leben und die Art und Weise, wie sie Dinge anpackte, zeigt sehr schön auf, was unserer **aller** Lebensaufgabe ist. Als ich noch Kind war, mochte ich dieses Helden-Mädchen sehr gerne. Ich empfand es so, dass sie einen großen Teil meiner selbst widerspiegelte. Auch ich war wild und unangepasst, manchmal rotzfrech und nicht sehr erziehungstauglich. Doch das trieb man mir aus. Bis ich ins Gefüge passte. Was die Gesellschaft unter gesellschaftstauglich verstand, wurde mir beigebracht. Und dabei meine ich nicht die Sozialkompetenz. Sondern das, was landläufig als „gut erzogen" angesehen wird. Im Grunde passte ich in kein System. Das Schulsystem war mir zuwider, lernen mochte ich nicht, da ich den Sinn darin nicht sehen konnte. Stattdessen wollte ich frei sein, mich in der Natur aufhalten und auf hohe Bäume klettern. Manchmal stahl ich mich sofort nach der Schule davon. Hausaufgaben? Egal! Alles, was ich wollte, war mit der Natur und Tieren verbunden sein. Es gab in der Nähe einen Bauernhof, dort durften wir Kinder uns frei bewegen. Dies war mein Paradies. Also lief ich meist nach der Schule dort hin und stromerte über Wiesen und Felder, dem kleinen Wald stattete ich jeden Tag einen Besuch ab und am Weiher beobachtete ich die Fische. Eine riesengroße, mächtige Kastanie war mein Freund. Jeden Tag besuchte ich diesen Baum, kletterte bis in die Baumkrone. Von hoch oben hatte ich einen tollen Überblick über unsere Wohnsiedlung. Und ich selbst war durch das Blätterwerk getarnt. Dort, hoch über allem, fühlte ich mich frei. Ob du es glaubst oder nicht, ich hielt mich in dieser Baumkrone oft sehr lange Zeit auf. Ich beobachtete das Geschehen unter mir und in unserer Siedlung. Schon damals spürte ich eine liebevolle Präsenz, die ich heute einen Engel nennen würde. Diese Energie, die ich schon als Kind nahe bei mir spürte und die mich tröstete. Dort oben, im Wipfel dieses Baumes, fühlte ich mich Gott unendlich nahe. Damals dachte ich, dass es Gott ist, den ich wahrnahm. Heute denke ich, dass es eine Lichtgestalt war, etwa mein Schutzengel oder ein feinstofflicher Helfer. Oft fühlte ich mich unzulänglich, falsch verstanden und anders. Darum führte ich intensive Gespräche mit meinem Gott, erzählte von meinen Sorgen und wusste, dass mir jemand zuhörte. Ich tankte dort oben auf und regenerierte auf irgendeine Weise mein System. Niemand hatte mir damals gesagt, dass es sowas gibt. Ich tat es aus einem Impuls heraus. Meine Kastanie war meine Aufladestation. Und wenn ich mich wieder gut fühlte, kraxelte ich nach unten und spielte mit den anderen Kindern. Der alleinstehende Landwirt, der diesen Hof besaß, mochte Kinder. Er erlaubte uns fast alles. Noch heute frage ich mich, weshalb dieser alte Mann mich mochte. Mich, die rebellische Petra! Doch wann immer es etwas zu erbitten oder um Erlaubnis zu fragen gab, wurde ich vorgeschickt, weil der „Anderl" mir nichts abschlug. Und wann immer es ging und machbar war, bekamen wir von diesem wunderbaren Mann Hilfe und Unterstützung. Im Gegenzug halfen wir ihm so gut wir es konnten. Ob es im Stall war, beim Heuwenden oder auch sauber machen. Während ich diese Zeilen schreibe, durchströmt mich ein unermessliches Glücksgefühl. Gedanklich bin ich wieder dort und durchlebe gerade diese wunderschönen Zeiten meiner Kindheit. Ich bin meinen Eltern unendlich dankbar dafür, dass sie mir diese Freiheit gewährten. Ich wurde diesbezüglich in keiner Weise eingegrenzt. Außer, dass ich zur vereinbarten Zeit zu Hause sein musste, durfte ich mich ansonsten frei bewegen. Warum erzähle ich dir das alles? Nun, weil die Pippi-Magie darauf aufbaut, dass du frei, unangepasst und uneingeschränkt dein Leben lebst. Auch wenn es wie ein Widerspruch klingt, die Seele versucht zeitlebens ihre Individualität zum Ausdruck zu bringen. Zwar streben wir alle langfristig die Einheit an, doch um dorthin zu gelangen, ist es notwendig, zunächst deine Individualität zu spüren und zum Ausdruck zu bringen. Erst, wenn uns dies gelungen ist, werden wir nach und nach der Einheit, dem All-eins-Sein zustreben. Meiner Meinung nach ist es im göttlichen Plan vorgesehen, dass jede einzelne Seele lernt, sich selbst auszuleben und zum Ausdruck zu bringen. Selbstverständlich auf achtsame, wertschätzende und liebevolle Art und Weise. Ich spreche nicht von Ellenbogen und Hau-drauf-Mentalität. Jede einzelne Seele, hier auf der Erde, ist ununterbrochen mit dem Versuch beschäftigt, sich frei zu entfalten und ihre ganz persönliche Individualität zum Ausdruck zu bringen. Das ganze Weltgeschehen, das politische, das private, sowie das soziale, bringt dies zum Ausdruck. Egal, wohin du siehst, überall, in jedem Winkel der Erde, geht es immer nur darum, sich nicht mehr beschneiden zu lassen, in keine Zwänge pressen zu lassen und Dogmen aufzulösen. Jeder Mensch versucht dies innerhalb seiner eigenen kleinen Welt. Und innerhalb seiner eigenen Lebensbereiche. Im Großen wie im Kleinen, wie oben so unten, wie innen so außen. Diese hermetischen Gesetze gelten im ganzen Kosmos. Und darum ist meines Erachtens Weltfrieden auch erst möglich, wenn jeder Mensch dies tief verinnerlicht hat und auch nach außen trägt. Ich bin jeden Tag darum bemüht, meine ganz persönliche Pippi-Magie zu leben. Außerdem versuche ich, so gut es eben geht, unserem Sohn dies ebenfalls zu vermitteln. Sei so unangepasst wie möglich und regelkonform wie halt mal nötig. Selbstverständlich spreche ich nicht davon, gegen gemeingültige, soziale Regeln oder Gesetze zu verstoßen. Jeder Mensch hat die Möglichkeit sich frei zu entfalten, innerhalb seines ganz persönlichen Umfeldes. Dies bezieht sich auf Partnerschaft, die Arbeit, das Wohnen und Leben, den Freundeskreis und die Familie. Je mehr dir dies gelingt, umso mehr wirst du an deine Lebensaufgabe herankommen und diese umsetzen. Meine Impulse können dir dabei helfen, deinem Seelenplan ein Stück näherzukommen. Denn eines weiß ich mit Sicherheit: Je freier und uneingeschränkter du durchs Leben gehst, umso besser kannst du alle Aufgaben, die dein Lebensplan beinhaltet, umsetzen. Erst dann wirst du dich nicht mehr nach anderen Leuten ausrichten, nicht mehr versuchen, gefallen zu müssen, nichts mehr machen, nur weil es von dir verlangt wird. Außerdem wirst du für alles, was du tust und machst, keine Gegenleistung mehr erwarten. Sei es in der Liebe oder in sozialen Beziehungen. Du wirst so leben, wie es dir Spaß und Freude macht. Unabhängig davon, ob es den Nachbarn oder deiner Familie gefällt. Du wirst dich nicht mehr an Menschen binden, deren Energie dir nicht gut tut. Vor allen Dingen wirst du dich nicht weiter an Menschen klammern, die deiner Entwicklung nicht (mehr) entsprechen. Außerdem wirst du ein gutes Gespür dafür bekommen, was dich ausbremst und sabotiert. Und du wirst wissen, wie du dies verändern und auflösen kannst. Gestern las ich auf Facebook diesen Satz: „Je mehr man für jemanden tut, umso weniger weiß er es zu schätzen!" Sicher kennst du solche Sprüche, oder du benutzt sie selbst. Spürst du, dass das so nicht funktionieren kann? Alles, was du tust, egal, ob für dich oder jemand anderes, sollte frei und ohne Anspruch sein. In dem Moment, wo du eine Gegenleistung erwartest, bindest du dich emotional an diesen Menschen. Meine Freundin Gisela sprach immer von „Tauschgeschäften", wenn es um die sogenannte Liebe ging. Mutter-Kind-Liebe, Mann-Frau-Liebe, Freundin oder Freund zu Freund/in-Liebe. Das geht beim Schenken schon los. Im Grunde erwarten viele ein Gegengeschenk. Weiter geht es mit Fürsorge. Die meisten erwarten im Gegenzug auch Zuwendung oder zumindest Dankesbekundungen. Genauso verhält es sich mit oben genanntem „für jemanden etwas tun". In dem Moment, wo eine Gegenleistung erwartet wird, wird es zum Tauschgeschäft. Und wenn die Gegenleistung nicht in erwarteter Weise kommt, folgt die Enttäuschung. Da steckt das Wort Tausch drinnen. In der Liebe wird dies sehr oft und sehr ausgeprägt gelebt. Doch: Wahre Liebe ist immer frei und ohne Erwartung! Dies hat mich mein verstorbener Sohn gelehrt. Bedingungsfrei zu lieben, das weiß ich, wie es sich anfühlt. Seither erwarte ich von niemanden mehr irgendetwas. Ich habe gelernt, dass ich alles, was ich zu geben habe, aus freien Stücken und ohne Gegenleistung, von ganzem

Herzen gebe. Auch dies gehört zur Pippi L.-Magie. Dies zeigt deinen individuellen Lebensausdruck. Wenn du selbst frei und unangepasst sein möchtest, musst du dich auch frei machen von irgendwelchen Erwartungen und Ansprüchen an deine Mitmenschen. Keine Tauschgeschäfte mehr. Wenn du ein Ungleichgewicht zwischen Geben und Nehmen spürst, das sich auf eine zwischenmenschliche Partnerschaft bezieht, ist es deine Aufgabe, dies zu verändern. Nicht, darüber zu jammern, dass nichts zurückkommt, sondern sich klarmachen und analysieren, was hier schief läuft. Auf eine Weise, die nichts mit der anderen Person zu tun hat. Die Schieflage ist ausdrücklich bei dir und nicht bei der anderen Person. Entweder du korrigierst dein eigenes Verhalten, oder du löst dich aus dieser Beziehung. So sorgst du selbst dafür, dass es dir wieder gut geht. Die Pippi-Magie ist ein Prinzip, nach dem man leben kann. Das Prinzip hat das Motto: Ich kreiere mir meine Welt, wie sie mir gefällt! Frei, unangepasst und selbstbestimmt. Ganz einfach, oder ? Nein? Ich sage ja. Das Mädchen Pippi ist ein wildes Mädchen und dennoch mögen sie alle. Warum? Weil sie tut, was ihr gefällt, wie es ihr gefällt und wann es ihr gefällt. Sie macht keine faulen Kompromisse.
Immer sagt sie ja zu sich und nein zu allem, was sie einengt. Ich denke, sooo schwer ist das gar nicht. Immer, wenn wir ja sagen und nein meinen, geben wir uns selbst einen Tritt und verleugnen uns. Wir verbiegen uns und stehen nicht gerade - die Wirbelsäule lässt grüßen - im Leben.
Pippi ist stark, kraftvoll, steht für sich und andere ein. Sie ist gerecht und nimmt sich selbst nicht so wichtig. Ihre Bedürfnisse aber schon. Deshalb lässt sie sich nicht in ein Konzept von Regeln und Vorgaben zwingen. Sie schläft,

isst, wohnt, wie es ihr genehm ist. Mit einem Pferd und einem Affen! Sie schaut nicht darauf, dass sie korrekt gekleidet ist und sie pfeift darauf, ob sie von allen geliebt wird. Ich mag sie. Ich habe es mir auf die Fahne geschrieben, so zu sein, wie ich bin, so zu leben, wie ich mich wohlfühle und das zu tun, was mir Freude bereitet. Im Einklang mit meiner Umwelt, meinem Umfeld und den Mitmenschen.

Also, versuche doch auch mal die Pippi-Magie. Du wirst erstaunt sein, wie viel Freude es macht. Und wenn es deinem Nächsten nicht gefällt? Egal, solange du nichts tust, was anderen schadet. Also, am besten du fängst gleich heute noch an und tust etwas ganz anders, als du es sonst tust. Es ist eine Befreiung! Viel Spaß dabei.

Wulle-Wulle-Sonnenschein

Bevor ich nun bald zum Ende komme, ist es mir ein großes Bedürfnis noch ein paar Zeilen zum spirituellen Bewusstsein im Allgemeinen und zur Eso-Szene im Besonderen zu schreiben. Entweder du hast alles, was hier im Buch zu lesen war, schon selbst durch und arbeitest diese Themen bereits auf. Oder du hast dir zu den Inhalten schon eine Meinung und Wissen gebildet und wolltest meine dazu hören. Vielleicht warst du auch auf der Suche nach neuen Impulsen und anderen Sichtweisen. In jedem Fall wirst du eine Idee haben, wie DU deinen Themen am besten auf die Schliche kommst und diese dann wandeln, verarbeiten oder abschließen kannst. In meinen Kursen kommt die Sprache immer wieder mal auf allgemeines spirituelles Wachstum. Die Teilnehmer möchten dann wissen, wie „weit" sie schon sind und manche sind sogar der Meinung, dass ich „besonders weit" bin. Nun, das ehrt mich zwar, aber das stimmt nicht. Vielleicht gehe ich diesen Weg nur schon ein Stückchen länger, eventuell intensiver oder anhaltender. Vor allem aber gehe ich meinen Weg konsequent, auch wenn es unangenehm, holprig oder traurig wird. Was mich immer wieder erstaunt, dass die meisten Leute, die den Weg zum spirituellen Wachstum eingeschlagen haben, eher der Meinung sind, dass sie noch keine Fortschritte gemacht hätten. Während jedoch oft Menschen, die sich selbst als halb erleuchtet betrachten, Opferdasein und Schuldzuweisung in einem Satz mit ihrem eigenen, spirituellen Bewusstsein rühmen. In meinen Beratungen hört sich das dann etwa so an: „Ja, ich weiß das alles Petra, ich bin schon sehr erwacht und weit. Das brauchst du mir nicht zu sagen. Ich habe so viele Bücher gelesen und

Kurse gemacht, aber ..." Nur um dann im weiteren Gesprächsverlauf eine Schuldzuweisung nach der anderen auszusprechen oder mir zu erklären, warum sie in *dieser Sache* das Opfer sind und hier *wirklich* nichts verändern können. Ja, warum sind sie dann bei mir in der Praxis? Das bringt mich oft an meine Grenzen. Sie wissen alles, können alles und haben für alles eine Antwort. Doch wenn es um ihre Schieflagen und Baustellen geht, sind immer die anderen oder die Umstände schuld und sie das Opfer. Gott sei Dank, nur ein Bruchteil meiner Klienten ist so. Was ich damit sagen möchte, dass das Wissen, das aus Büchern und Kursen erlangt wird, das Eine ist. Das Andere ist aber das Umsetzen. Spirituelles Erwachen und das Integrieren von universellen Wahrheiten gehen Hand in Hand. Erst wenn jemand das Erlernte auch umsetzt und lebt, wird er authentisch. Es geht nicht um weiter, besser, höher oder spiritueller. Es geht darum, sich selbst aus den Schieflagen und Baustellen zu befreien. Mit spirituellem Wissen und Werkzeugen. Auf welche Weise ist völlig egal. Das kommt auf die persönlichen Vorlieben an. Die einen lieben Familienstellen oder Klangschalen, andere Hypnose und Rückführungen, wieder andere gehen zum Medium oder lassen sich die Karten legen. Wichtig und das A und O bei der Sache ist, meiner Meinung nach, das Selbstmachen. Nicht machen lassen. Sondern eigenverantwortlich und selbstbestimmt den Schlamassel zu ordnen und aufzulösen. Dass man sich hierbei Hilfe von einem Heiler, spirituellen Lehrer oder meinethalben auch Schamanen holen kann, ist klar. Doch dieser sollte es nicht für dich tun. Was immer getan werden muss. Nimm zum Beispiel das Ritual, das ich früher im Buch aufgeschrieben habe. Es hat eine großartige, tiefgreifende Wirkung, wenn du es selbst machst. Lässt du es von jemand für dich machen, ist es das Papier nicht wert, auf dem es gedruckt ist. Darum geht es bei dem spirituellen Wachstum. Zu wissen, dass wir für alles im Leben die Verantwortung übernehmen müssen. Dass wir uns bewusst werden, dass wir die Eigenmacht und Schöpferkraft leben können, dürfen, ja sogar müssen. Dann werden wir autark, selbstbestimmt und gehen aus dem Opferdasein heraus. Es bringt gar nichts, wenn wir hier und da mal ein Buch aus der Eso-Ecke lesen oder auch einen Kurs besuchen. Nur, um dann das Erlernte als Zertifikat an die Wand zu pflastern. Es hilft auch nicht, wenn wir mit allem und jedem zu irgendwelchen Helfern rennen, um uns etwas auflösen zu lassen. Oder, dass diese für uns die Blockaden oder Schwierigkeiten „wegzaubern". Nicht, dass das funktionieren würde, ganz im Gegenteil. Das Thema wird nach einer gewissen Zeit wieder hinter dem Sofa hervorspringen und noch massiver Druck machen als vorher. Krass wird es, wenn die „Selbstverschleierung" zelebriert wird. So will ich das jetzt mal nennen. Einige treiben es mit der „Erleuchtung" so weit, dass sie sich selbst etwas vormachen. Sie wollen nur noch auf einer Eso-Wolke schweben und haben die rosarote Brille auf. Die heile Welt ist so schön, alles ist nur noch Licht und Liebe, Emotionen werden nicht mehr gelebt. Stattdessen verleugnen sie sich so, dass sie öffentlich keine Stellung mehr beziehen, keine Meinung zu irgendetwas haben und in einer rosaroten Wattewelt ihr ach so glückliches, erleuchtetes Leben führen. Alles wird schön geredet, alles wird neutral betrachtet und oft kommt ein ergebenes: „Dann soll es halt so sein", aus dem Mund der hier Genannten. Nämlich dann, wenn im Grunde Anpacken, Entscheidung oder eine Veränderung aus eigenem Antrieb angebracht wäre. Ich weiß, wovon ich rede. Weil ich diesen Satz auch mal ganz gerne mochte. Genauso lange, bis ich herausfand, dass das ein sehr großer Saboteur in meinem System, meinem Leben war. Und ich mir mit diesem Satz nur ein Alibi verschaffte, um nicht hinter die Situation schauen zu müssen. Sonst wäre ich ja womöglich gezwungen gewesen, mich aus meiner Komfortzone zu verabschieden. Ich sage, das ist weder spirituell noch hilfreich und vor allem sabotieren diese Menschen sich selbst am allermeisten. So einige, die ich kenne, haben sich die Gesundheit ruiniert und sind schwer krank geworden. Ich nenne das Wulle-Wulle-Sonnenschein. Nur nicht hinschauen, alles ist gut und alles wird gut. So funktioniert das meiner Ansicht nach aber nicht. Ich sehe darin sogar eine Gefahr. Eine Gefahr für sich selbst. Diese Menschen nehmen alles auf sich, sie positionieren sich nicht, haben keine Meinung zu irgendwas, jeder in ihrem Umfeld darf, kann und soll tun und lassen, was er oder sie möchte, denn schließlich stehen sie bereits über den Dingen. Die Materie hat scheinbar keinen Wert mehr. So zelebrieren sie ihre lichtvolle Welt. In Wahrheit ist es aber so, dass alle, die ich kenne, krank, unglücklich oder in totalen Schieflagen leben. Sie haben großen Mangel an allem und bedienen mächtige Baustellen im Familienleben, Gesundheit oder Beruf. Und sie würden aus allen Wolken fallen, wenn ich ihnen meine Sicht der Dinge mitteilen würde, denn sie sind doch so erwacht.

Für mich bedeutet spirituelles Wachstum:
- ♥ Verliere die Bodenhaftung nicht und stehe mit beiden Beinen fest auf dem Boden
- ♥ Schließe deine Vergangenheit ab
- ♥ Verzeihe dir und den anderen
- ♥ Sei klar im Umgang mit dir und deinem Umfeld
- ♥ Sage, was dir nicht gefällt auf nette Weise
- ♥ Lasse niemanden über deine Grenzen gehen
- ♥ Respektiere die Grenzen deiner Mitmenschen
- ♥ Du darfst eine eigene Meinung und Sichtweise haben und diese auch vertreten
- ♥ Verbiege dich nicht. Sorge für dich
- ♥ Lasse den anderen ihre Sicht der Dinge
- ♥ Es gibt keine Wahrheit, kein Richtig und Falsch
- ♥ Es gibt nur deine Wahrheit und Wahrnehmung
- ♥ Tue alles aus freien Stücken, ohne eine Gegenleistung zu erwarten
- ♥ Sage niemals ja, wenn du innerlich nein meinst
- ♥ Liebe dich selbst, so wie die anderen
- ♥ Sei selbstbestimmt, eigenverantwortlich, eigenmächtig und kreiere dir nach deiner Vorstellung dein Leben
- ♥ Nutze deine Schöpferkraft
- ♥ Verletzte niemanden vorsätzlich, weder mit Worten noch mit Taten
- ♥ Richte deinen Fokus in die Zukunft , weg von der Vergangenheit
- ♥ Lebe jeden Moment mit allen Sinnen
- ♥ Lebe im Hier und Jetzt

Das soll keinesfalls eine Gebrauchsanweisung für dein Leben sein. Es kann ein Leitfaden sein. Wenn es sich für dich stimmig anfühlt, kannst du es ja in Betracht ziehen, dies nach und nach umzusetzen. Wenn du sagst, das ist alles Mist … Macht auch nichts, denn es ist deine Meinung und deine Wahrheit. Sicher bin ich mir jedoch, wenn du die oben aufgeführten Ideen nach und nach umsetzt, dann wird es dir zunehmend besser gehen. Dann lebst du dein Leben und nicht das der anderen, oder das, was andere von dir erwarten.
Sollte mit zunehmender spiritueller Ausrichtung auch die Erweiterung und Anhebung deiner Hellsinne einhergehen, ist das wundervoll. Je mehr du dich auf die geistige Welt einlässt, umso mehr werden deine medialen Gaben sich ausdehnen. Hier möchte ich noch ein paar Sätze als Anregung geben. Ich persönlich finde es anmaßend, wenn jemand, egal ob bekannt oder fremd, mir Auskünfte erteilt, die er oder sie auf medialem Wege erlangt haben, nach denen ich aber nicht gefragt habe. Ebenso empfinde ich es als ein absolutes „No go", wenn Aura-Sichtige oder Heiler mir mitteilen, was angeblich bei mir los ist. Das ist eine absolute Grenzüberschreitung meinerseits, die ich nicht dulde. Ich lebe nach dem Leitsatz: „Nur weil ich etwas kann, ist es mir noch lange nicht erlaubt, es zu tun. Nur weil ich etwas weiß, ist es mir noch lange nicht erlaubt, es kund zu tun." Erstens ist es eine ungewollte „Zwangsbeglückung" desjenigen, dem diese Offenbarung zuteilwird. Zweitens kann es bei dem „Beglückten" große Ängste hervorrufen. Und drittens ist es eine Anmaßung, sich hinzustellen und zu behaupten, man sähe oder wisse dieses oder jenes. Ich habe es erst vor kurzem wieder erlebt, dass eine „Aura-Sichtige" mir weißmachen wollte, dass mit meiner Aura etwas nicht

stimmt. „In Ihrer Aura ist eine Trübung", teilte sie mir ungefragt mit. Sie wusste aber nicht, dass ich selbst in der medialen Ecke beheimatet bin. Als ich sie aufforderte, es sofort zu unterlassen, in meine Aura vorzudringen, war sie erst beleidigt und trumpfte dann auf: „Das sollte aber unbedingt behoben werden, sonst werden Sie krank." Eine absolute Frechheit! Als ich ihr mitteilte, dass ich selbst in der Aura-Lehre und Aura-Heilung ausgebildet bin, erschrak sie und trollte sich davon. Dies ist auf einer Messe passiert, wo ich als Besucherin war. Es ist meines Erachtens ein Ding der Unmöglichkeit, dass ich jemanden einfach anspreche und diesem Menschen ungefragt meine „Wahrnehmung" aufbürde. Das geht gar nicht. Wenn also die eigene Wahrnehmung, sei es medialer Natur oder intuitiver Art, zunimmt, ist das wunderbar. Aber ich würde alles für mich behalten und niemals ungefragt etwas äußern. Möglicherweise stimmt zwar das, was du siehst oder spürst. Aber du weißt nicht, was es mit der Person macht, wenn du ihr das einfach so sagst. Ganz schlimm wird es, wenn es prophetische Aussagen sind. Wenn du mit zunehmender medialer Wahrnehmung und Hellwissen gesegnet bist, wäre es ein guter Weg in dieser Richtung eine Ausbildung zu machen. Da auch die tollste Gabe und gutes Talent geschult und geformt werden muss. Das ist beim Musiker so, beim Künstler und auch beim Sportler. Warum also meinen so viele medial begabte Menschen, dass sie einfach drauf loslegen können? Außerdem wird in der Ausbildung auch viel Wissen rund um die Medialität und ethisch korrektes Handhaben dieser Gaben vermittelt. Zumindest bei einigen Anbietern. Es geht also nicht darum, wie weit jemand schon mit seiner Erleuchtung ist, sondern wie authentisch, ethisch korrekt und integer jemand durch das Leben geht.

Das ist für mich Wachstum und spirituelle Entwicklung. Ich spreche mich explizit dafür aus, dass jede Art von spiritueller Weiterentwicklung sehr wohl nur mit absolutem Urvertrauen, Meditation, Vertrauen in die geistige Welt, mentaler Zukunftsgestaltung, präziser Vorstellung der eigenen Ziele und Gottvertrauen funktioniert. Dafür brauche ich aber Bodenhaftung, Eigenmacht, Schöpferkraft und Klarsicht. Und muss nicht vergeistigt in rosaroten Wolken schweben und alles hinnehmen. Ich darf sehr wohl „meine" Meinung und Sichtweise äußern und anderen Grenzen setzen. Und weißt du auch warum? Weil ich ein Mensch bin und kein Engel!

Das ist jedenfalls meine Sicht der Dinge ☺

Wann kommt die Lebensaufgabe?

"Petra, sagst du etwas über meine Lebensaufgabe." "Weißt du, wie ich meine Lebensaufgabe beginnen soll, kann, darf?", "Lebe ich meine Aufgabe schon?" Auf diese Fragen möchte ich nun in meinem nächsten Kapitel eingehen. Ich kann dir und niemand anderem sagen, was seine, deine oder ihre Aufgabe im Leben ist oder sein wird. Das ist schlicht nicht möglich. Denn, zum einen ist es nicht nur eine Aufgabe und zum anderen ist hier der Weg das Ziel. Zumindest soviel ich weiß. Diese Antwort entspricht meiner Lebenserfahrung und es fühlt sich für mich so an, dass dies so ist. Ich möchte anhand meiner eigenen Geschichte darauf eingehen, denn das, was ich selbst erlebte, kann ich am besten wiedergeben. Die Frage ist doch: Wann beginnt ein Mensch mit seiner Lebensaufgabe? Mit der Geburt, mit dem Kindergarten …? Durch den Weckruf oder eine Katastrophe? Ich glaube, das ist so unterschiedlich, wie es unterschiedliche Lebenspläne gibt. Ich kann nicht sagen, ob meine Aufgaben bereits in der Pubertät begannen oder erst mit dem Beginn meiner Selbständigkeit. Zumindest kann ich es nicht auf ein Datum, noch nicht mal auf ein Jahr, eingrenzen. Stellte ich mich meiner Aufgabe in dem Moment, als ich in die Rolle der Mediatorin meiner Eltern schlüpfte, als diese sich trennten? Oder begann sie bereits im frühen Jugendalter, als ich mich als einzige in der Klasse dagegen wehrte, dass unser Lehrer uns Ar******* nannte. Was dazu führte, dass er sich nach der Pause vor versammelter Klasse entschuldigte. Es könnte aber auch sein, dass alles anfing, als ich meinen Beruf erwählte und Medizinische Fachangestellte wurde. Denn bereits zu dieser Zeit war ich oft Anlaufstelle für die Sorgen und Nöte der Patienten. Andererseits könnte es aber auch sein, dass ich erst durch die Schwangerschaft mit meinem Sohn Dominik in meine Lebensaufgabe langsam hineinwuchs. Du siehst schon, das will alles bedacht und analysiert werden. Die nächste Frage, die sich mir in diesem Zusammenhang stellt, ist folgende: Ab wann befindet man sich in seiner Lebensaufgabe. Am Anfang, in der Mitte oder am Ende seiner Reise. Beziehungsweise, wann nimmt das Lebensschiff Fahrt auf und segelt in die Lebensaufgabe hinein? Fragen, die sich auftaten, als meine Seminarteilnehmer und Klienten mich auf ihre Lebensaufgaben ansprachen. Oft wurde ich gefragt, wie ich meine Aufgabe fand und wie ich es anstellte, ihr gerecht zu werden. Nun, das mit dem gerecht werden, kannst du am Ende des Buches lesen. Wie ich sie fand, hmm …? Ich hatte keine Antworten und fragte deshalb meinen lieben geistigen Lehrer Ruben, wann ich denn begann, meine Lebensaufgabe anzugehen. Und dieser erklärte es mir dann so, dass ich es verstand.

Wir schreiben das Jahr 1997
Ich schreie mir die Seele aus dem Leib. Die Trauer zerfetzt mich und macht aus mir etwas, dass ich nicht benennen kann. Ich schreie und schreie und schreie. Doch niemand hört mich. Denn es sind stille Schreie. Alles in mir wütet und tobt. Kennst du das? Wenn du außer dir bist, alles in dir vibriert und du nicht mehr ein und aus weißt. Vor Schmerz, vor Trauer, vor Angst und Wut? Ich wandere durch die Wohnung wie eine Löwin, die ihr Junges sucht. Alles in mir ist wund und kaputt. Ich komme mir wie zerhackt vor. Ich kann dem, was ich fühle, keinen Ausdruck verleihen. Alles, was ich möchte, ist etwas zerstören, etwas kaputt machen …, am liebsten

mich selbst. Ich bin am überlegen, dem allen ein Ende zu setzen. Doch über mir wachend, schwebt, sagen wir mal, eine andere Petra, eine, die mich fest im Auge hat. Und darauf achtet, dass ich keine Dummheiten mache. Ich setze mich. Ich versuche ruhiger zu werden und nicht mehr daran zu denken, dass Dominik tot ist. Tot, tot, tot dröhnt es in meinem Kopf. Dieser Schmerz ist so allgegenwärtig, dass ich ihn selbst jetzt in diesem Moment, während ich diese Zeilen schreibe, wieder fühlen kann. Mein Körper hat diesen Schmerz bis heute nicht vergessen. Am Tisch, im Esszimmer sitzend, versuche ich mich zu sortieren. In mir ist ein Stück Rationalität verblieben. Daran halte ich mich fest. Ich versuche sachlich und klar zu denken. Da will etwas aus mir heraus. Was ist das? Tief in mir gibt es ein Verständnis und Verstehen all dessen, was uns widerfahren ist. Eine innere Stimme versucht mich zu beruhigen und mich zu erreichen. Niemand hat mir erklärt, wie man mit solchen Situationen umzugehen hat. Niemand kann mir in dieser Situation helfen. Ich bin auf mich alleine gestellt. Ich vermisse mein Kind so sehr, es fühlt sich an, als hätte man mir etwas amputiert. Ein Jahr waren mein Sohn und ich eine Einheit. Jede Minute seines kurzen Lebens waren wir zusammen. Und nun diese Leere, die mich innerlich aufzufressen versucht. Es fehlt nicht viel und ich gebe dem Wunsch nach, mich hinzulegen und nicht mehr aufzuwachen. Doch da ist dieses Erlebnis aus meinen Jugendtagen, das, als ich versuchte, mir das Leben zu nehmen. Diese Erinnerung hält mich davon ab. Und mein Mann. Weil ich sehe, wie sehr auch er leidet, wie sehr er jeden Tag aufs Neue um Fassung ringt und, ebenso wie ich, versucht zu begreifen, was nicht zu begreifen ist. Wir beide streben danach, stark zu sein und unser Leben irgendwie wieder in Griff zu bekommen. Im Moment allerdings jeder für sich. Gemeinsam zu trauern schaffen wir nicht. Später wird man uns sagen, dass es nur ein geringer Bruchteil von verwaisten Eltern schafft, ihre Ehe zu retten. Morgens geht mein Mann tapfer zur Arbeit und ich bleibe zu Hause. Ich befinde mich noch im Mutterschutz. Ein Witz! Ich starre die leeren Zimmer an und rücke dies und das von hier nach dort. Keine Beschäftigung erscheint mir nützlich oder auch nur ansatzweise sinnvoll. Ich mag nicht putzen, ich mag nicht lesen, ich mag nicht fernsehen. Dies alles kommt mir angesichts unserer Situation ziemlich bescheuert vor. Also tigere ich Tag für Tag durch unsere Wohnung und meide das Kinderzimmer. Der Anblick von Dominiks Kleidung, dem Bettchen oder seinem Spielzeug ist mir unerträglich. Trotzdem nehme ich immer wieder etwas von ihm in die Hand und rieche daran. Sein Duft, ach was würde ich dafür geben ... Ich halte Türen und Fenster verschlossen, denn Kinderlachen oder Kinderweinen erschüttert mich bis ins Mark. Die andere Petra, die, die für mich nicht wirklich greifbar ist, nimmt dies jedoch analytisch und peinlichst genau wahr. In diesem Moment weiß ich noch nicht, dass das alles für mich später von größter Bedeutung werden wird. Genau genommen werde ich mich erst später wieder daran erinnern, dass da immer quasi zwei Persönlichkeiten in mir anwesend waren: Die trauernde Petra und diejenige, die alle diese Vorgänge beobachtete und abspeicherte. Ich lasse mich gehen und lebe in den Tag hinein. Ich rauche viel zu viel. Aber an der Zigarette kann ich mich wenigstens festhalten. Wenn meine Hände schon nichts anderes mehr festhalten können. Meinen Sohn, ich werde ihn nie wieder spüren, riechen oder halten. Ich finde keine sinnvolle Beschäftigung und weiß nicht, was ich tun soll.

Schließlich war das vergangene Jahr ausschließlich meinem Sohn und seiner Fürsorge gewidmet. Tage vergehen, Wochen vergehen. In mir ist immer noch alles zerrüttet und verwundet. Man sagt mir nach, ich sei gefasst und würde kaum trauern. Niemand sieht, wie es in mir ausschaut, denn jeder will nur sehen, was er oder sie sehen will. Und alle wollen eine starke Petra sehen. Eine weinende Petra? Um Himmels willen, bitte nicht! Sonst würden Sie nicht wissen, wie sie mit mir umzugehen hätten. Dominiks erster Geburtstag nähert sich mit großen Schritten. Ich empfinde es als einen gemeinen Seitenhieb vom *Schicksal*. Drei Wochen vor dem ersten Geburtstag das Kind an den Tod zu verlieren. Das ist für Eltern so, als bekäme man zu alledem, was bereits geschah, auch noch eine Ohrfeige. Wie sollte ich diesen Tag überleben? Es ist der 19. Februar. Heute ist der Tag. 1 Jahr. Morgens erwache ich gerädert und fix und fertig. Kein Happy Birthday, kein Kuchen, keine Kerzen, kein Besuch, kein Kinderlachen. Ich überlege, ob überhaupt jemand daran denkt, dass heute Dominiks erster Geburtstag ist … wäre? Kaffeemaschine an. Radio an und dann wieder aus. Herumtigern in der Wohnung. Zum Fenster raussehen, die Sonne scheint. „Ich muss nachher zum Grab und die Blumen hinbringen. Hoffentlich ist das Blumenherz so geworden, wie ich es bestellt habe", denke ich für mich. Denken, denken. Dabei ist mein Kopf so leer. Ich muss zur Ruhe kommen. Mit meinem Kaffee setze ich mich an den Esszimmertisch und starre Löcher in die Wand. Etwas in mir lässt mich nach einem Zettel und einem Stift suchen. Ich sitze vor dem leeren Blatt Papier und starre darauf, bis alles vor meinen Augen verschwimmt. Plötzlich beginnt meine Hand zu schreiben. Ich nehme zwar wahr, dass ich schreibe, doch dies bin nicht ich. Meine Schrift ist viel schöner als sonst und „etwas" führt meine Hand. Es passiert einfach. Durch einen Tränenschleier hindurch lese ich Folgendes:

Für Dominik
Durch dein Sein bin ich geworden
durch deinen Tod bin ich geboren
du zeigtest Liebe ohne Grenzen
so klein du warst, du hast mich gelehrt
keine Qual, kein Schmerz ist ohne Sinn
durch dich bin ich geboren, wie ich heute bin
ich denke, jetzt weiß ich mehr über des Lebens Sinn
durch dein Gehen gabst du mir alles. In Liebe. Danke!

Schockiert starre ich auf das Geschriebene. Die Schrift erkenne ich als meine, doch ist sie so ganz anders, viel schöner, viel präziser. Ich fixiere die Buchstaben und erkenne in diesem Moment die ganze Tragweite meiner geschriebenen Worte. Ich erfasse, dass ich in einen erweiterten Bewusstseinszustand hineingerutscht bin. Mit all meinem Sein kann ich in diesen Momenten glasklar und im vollen Ausmaß erkennen, dass ich gerade inmitten einer Meisterprüfung stecke und meinem Lebensplan Folge leiste.

Heute
Ein tiefgreifendes Gefühl von absolutem Verstehen und unendlicher Liebe durchflutete mich. Ich kann mit Worten nicht beschreiben, was in diesen Augenblicken passierte. Ich wurde durchströmt von einem allumfassenden Gefühl der Dankbarkeit und unendlicher Liebe zu meinem Sohn. In diesem Moment erkannte ich, dass alles, wirklich alles, so geplant war. Ich begriff, dass wir uns

für immer lieben würden. Über alle Grenzen hinweg. Ich fühlte mich Dominik so nahe, als wäre er bei mir. Und noch heute, während ich dies schreibe, ist dieses unbeschreibliche und wunderschöne Gefühl in mir: pure bedingungslose Liebe. Ich wusste genau, alles ist gut. Ich wusste genau, ich würde jetzt alles schaffen. Denn mein Sohn hatte mir ein Geschenk gemacht, das unbezahlbar und unbeschreiblich ist. Mit jeder Faser meines Herzens konnte ich plötzlich den Sinn erkennen. Alles in mir fühlte sich nun richtig an. Natürlich war die Trauer nicht von jetzt auf gleich weg. Doch ich sah wieder einen Sinn, weiterzumachen. Den Stift behielt ich in der Hand und schrieb einfach weiter. Daraus entstand das Kapitel, welches im ersten Buch unzensiert zu lesen ist. Ich konnte direkt fühlen, wie jedes geschriebene Wort etwas in mir zum Heilen brachte. Dies war der entscheidende Moment, der mich in meine Lebensaufgabe hineinkatapultierte. Fortan schrieb ich alles auf, ich analysierte und hinterfragte alles und ganz besonders mich. Nun wusste ich, dass es ein Ziel gibt, welches ich erkennen würde, sobald ich es erreiche. Dass dieses Ziel aus mehreren Etappenzielen bestehen würde, war mir damals nicht klar. Doch heute weiß ich, dass meine Aufgabe erst durch mein eigenes Wachstum und das Heilen vieler Altlasten in mein Leben kommen konnte. Und hier spreche ich von Jahren. Vielen Jahren um genau zu sein. Das Schreiben habe ich nie wieder aufgehört. Mittlerweile gibt es ganze Stapel von Niederschriften.

Zurück ins Licht -
Der Weg nach Hause

Wenn die Lebenszeit zu Ende geht und das Lebensbuch die letzten Seiten aufschlägt, wählt die Seele ihren Weg zurück ins Licht. Egal, ob nach einem langen oder kurzen Leben. Ob das Leben schwer, oder leicht und erfüllt war. Irgendwann öffnet sich die letzte Tür und wir gehen hindurch. Wir werden den Zeitpunkt auf der Seelenebene selbst bestimmen. Auf welche Art, wann und wie, darüber habe ich ausführlich geschrieben, hat mit deinem Seelenplan zu tun. Nun bist du also an dem Punkt, wo du nach Hause, zurück in die Lichtwelten, gehen darfst. Ich sage bewusst „darfst", denn ich bin schon lange zu der Überzeugung gelangt, dass die Geburt ein Sterben ist und das Sterben eine Geburt. Weil ich es nicht so prickelnd finde, hierhin auf die Erde geboren zu werden, wo wir nichts mehr von unserem göttlichen Funken, von der wundervollen geistigen Heimat wissen. Dies fühlt sich für mich eher nach Sterben an. Doch wenn wir zurückkehren, werden wir uns mit dem Abstreifen des Körpers unserer Schönheit, unserer göttlichen Abstammung wieder bewusst. Wir sind nicht mehr der Materie unterworfen, sondern sind frei. Können uns mit Gedankenkraft bewegen und auch mental austauschen. Wir sind uns all dessen dann wieder bewusst. Das ist für mich eine Geburt. Doch bis es soweit ist, werden wir auf der Seelenebene den letzten Akt unseres Daseins hier auf der Erde genau planen. Wir sprechen uns mit den anderen betroffenen Seelen ab. Das heißt, mit Familienmitgliedern und Freunden. Natürlich geschieht dies alles unbewusst. Oder auf der Traumebene. Wenn alles abgesprochen ist, wird ein Prozess in Gang gesetzt. Mediziner sprechen davon, dass ein Todes-Enzym freigesetzt wird. Oder so ähnlich. Aus spiritueller Sicht betrachtet, löst sich die Seele nach und nach aus dem Körper. Fast so, wie eine Raupe zum Schmetterling wird. Sie durchlebt eine Metamorphose und wirft ihre Raupenpuppe ab. Was wie sterben aussieht, kommt einer Geburt gleich. So ist es auch beim Weg zurück in die Lichtwelt. Der Körper zerfällt, wird kaputt oder massiv in seiner Funktionstüchtigkeit eingeschränkt. Dann wird die Silberschnur, eine energetische Lichtschnur, die den Körper und die Seele zusammenhält, solange „strapaziert", bis sie reißt. Du kannst dir das so vorstellen, dass die Seele immer wieder an der Schnur zerrt, bis sie durch das Zerreißen ihre Freiheit erlangt. Und dann ist sie grenzenlos. Zunächst kann es sein, dass in extremen Situationen, wie bei einem Unfall oder Unglück, die Seele etwas orientierungslos ist. Möglicherweise ist sie sich im ersten Moment ihres irdischen Sterbens nicht bewusst. Genau wie bei der Geburt in dieses Leben muss sich die Seele bei der Heimkehr ins Licht erst kurz regenerieren. Doch so, wie hier auf Erden ein Team von Ärzten oder die Hebamme zu Hilfe eilt, so ist auf der Lichtseite sofort ein Empfangskomitee zur Stelle und wird der Seele beim endgültigen Übergang behilflich sein. Dieses Team setzt sich aus den Engeln und Meistern zusammen, die zu Lebzeiten schon bei ihr waren. Und den Familienangehörigen, die bereits zurück ins Licht gegangen sind. Also vorher starben. Sie werden dieses Wiedersehen feiern. Manchmal darf ich bei einem Sitting sehen, wie eine Seele verstarb und von wem sie in Empfang genommen wurde. Das ist so schön, dass ich keine Worte dafür habe, um es zu beschreiben. In diesem Stadium des Übergangs ist es der Seele immer noch möglich, zwischen den Welten zu wandeln. Sie ist noch nicht ganz „drüben". So, wie frisch geborene Babys auch noch Tage, oft Wochen, zwischen den beiden Welten hin und her wechseln. Und sich in beiden Welten wohl fühlen. Die Seele hat oft noch großes Interesse daran, wie die Hinterbliebenen mit der Situation umgehen, gerne will sie auch helfen und ist bestürzt über die Trauer, die sie durch ihr sterben auf der Erde hinterlassen hat. Sehr viele Verstorbene haben in diesem Zustand noch die Gabe, sich bei den Familienmitgliedern bemerkbar zu machen. Besonders bei medial begabten Menschen kommt es nach dem Versterben eines geliebten Menschen gehäuft zu unerklärlichen Phänomenen. Klopfen, Scheppern, Schritte oder heruntergefallene Gegenstände sind keine Seltenheit. Manche heimgegangenen Seelen treiben es mit diesen Besuchen so arg, dass ihre Lieben auf der Erde regelrecht Angst bekommen und an Poltergeister denken. Hier sei gesagt: Das ist vermutlich nicht der Fall. Vielmehr ist es so, dass sich die Seele nicht bewusst ist, wie sich ihr Besuch in der Materie auswirkt. Doch sie ist getrieben von den Tränen und dem Schmerz, dem ihre Lieben ausgesetzt sind. Dabei ist sie doch da! Das möchten die Seelen mitteilen. Dass es ihnen gut geht. Dass sie gut „rübergegangen" sind und es ein Leben nach dem Leben gibt. Sehr viele Seelen bleiben bis zur Bestattung. Sie schauen neugierig zu, was sich da so alles abspielt. In meinen Sittings kam aber noch nie zur Sprache, dass es für eine Seele mal von großer Bedeutung gewesen wäre, wie und auf welche Weise der Körper zur letzten Ruhe gebettet wurde. An diesem Punkt hat sich die Seele von allem Materiellen schon weitgehend gelöst. Das Licht, in dem sie sich befindet, ist viel zu schön, alles ist so einfach, so leicht und so erfüllt, dass sie das Leben im Körper nicht mehr vermisst. Auch uns vermissen sie nicht, sie trauern nicht und sie bedauern ihren Heimgang nicht. Weil sie uns ja immer und zu jeder Zeit besuchen können. Natürlich würden sie uns gerne beistehen, uns helfen und wenn sie könnten, würden sie uns auch sicher vieles abnehmen, was noch auf uns zukommen wird. Doch bereits beim Hinübergehen werden sie sich des ganzen Ausmaßes der Erdenspielchen und irdischen Abenteuer wieder bewusst. Und mit dieser Bewusstwerdung kommt auch die Erkenntnis über den Seelenplan wieder zurück. Ab diesem Zeitpunkt ist die heimgekehrte Seele bestrebt, alles zu analysieren. Sie möchte herausfinden, ob alles so gelungen ist, wie es einst angedacht war. Spätestens nach der Bestattung wird sich die Seele in eine Ruhephase, auch Schlafphase genannt, begeben. Diese Phase ist eine Rückschau, eine Analyse, eine Überprüfung aller gemachten Erfahrungen sowie der Auswirkungen der eigenen Taten, Worte und Gefühle auf Mitmenschen. Es braucht keine Hölle und kein Fegefeuer, um für „Sünden" zu büßen. Das macht die Seele ganz alleine mit sich aus. Da sie nun alle Auswirkungen sehen, spüren und erleben muss, die ihre Aktionen bei anderen Menschen ausgelöst haben. Das kann schlimmer als die Hölle sein! Und sie wird dabei absolut ehrlich mit sich sein. Sie wird sich die Masken anschauen, die Schieflagen, die Wunden und die Verletzungen, die auf Erden zugefügt wurden. Aber, und das ist das Schöne, es wird auch alles, was gute, schöne, heilende, helfende und wertvolle Auswirkungen bei den Mitmenschen auslöste, nachempfunden. So führt die Seele, auch zusammen mit schon früher verstorbenen Seelen aus dem Seelenclan und ihren Meistern und Engeln, eine Prüfung durch. Um am Ende die Endergebnisse zu analysieren. Und wieder geht es ausschließlich um das Lernen. Die Seele wird herausfiltern, was jetzt noch weiter gelernt werden muss, was sie versemmelt hat, was besser lief als erwartet. Und wartet dann geduldig, bis auch die allerletzte Seele aus ihrer Seelenfamilie ins Licht heimkehren wird. Um dann gegebenenfalls ein neues Abenteuer, mit neuer Besetzung, zu planen.

Seelenwege

Als ich etwa 13 Jahre war, erkrankte mein Opa von heute auf morgen. Wir besuchten damals gerade die Großeltern und hatten eine Menge Spaß. Am Abend legte er sich hin und fühlte sich nicht gut. Bei der Heimfahrt ahnte ich schon, dass wir ihn nie wiedersehen werden. Als ich meine Eltern fragte, ob Opi jetzt stirbt, wurde ich ausgeschimpft und darauf hingewiesen, dass man sowas nicht sagen darf, außerdem würde er gesund werden. Der Anruf kam einige Tage später …
Als ich 14 Jahre war, definierte sich meine Familie bereits über den Namen „[8]Klimbim-Familie". Und das waren wir auch. Normal war anders, anders war normal. So ist es nicht verwunderlich, dass meine Eltern eines Sonntagnachmittags ihre Freunde zu einer Seance einluden. Leider erlaubten meine Eltern nur, dass ich still der Sitzung beiwohnen durfte. Das „Medium", eine sympathische Frau mittleren Alters, hatte alles vorbereitet für eine Art Witchboard-Gläserrücken-Seance. Sie erklärte den Anwesenden den Ablauf und dann wurde es sehr still in der Runde. Ein paar Beschwörungsformeln wurden gemurmelt. Plötzlich ein Aufstöhnen …, das Glas hatte sich bewegt. Die Jenseitssitzung mit Fragen und Antworten dauerte etwa 30 Minuten … und dann war Kaffeepause. Ich blieb allein im Zimmer zurück. Natürlich wollte ich es wissen. So ging ich zum Tisch, auf dem ein Glas auf einer Tafel mit Buchstaben und Ja/Nein stand und berührte es leicht mit den Fingern. Schreck …, es bewegte

---

[8] Für die Jüngeren unter euch: Das war eine bekannte Comedy-Serie in den 80ger Jahren.

sich wie von Geisterhand. Oder war es eine? Ja wirklich! Es bewegte sich vor und zurück. Dabei hatte ich gar keine Frage gestellt. Das Ganze jagte mir einen gehörigen Schrecken ein. Es konnte nicht mit rechten Dingen zugehen. Mit solchen Sachen wollte ich nichts zu tun haben. Ein Medium zu sein war das Allerletzte, das ich mir hätte für mich vorstellen können. Aber das wirklich Aller-Allerletzte wäre der Gedanke gewesen, als ein solches zu arbeiten. Nein, wirklich nicht. Ganz sicher nicht! Dennoch kam ich im Verlauf der nächsten Jahre permanent mit übersinnlichen Themen in Berührung. Mit 16 Jahren kaufte ich mir in München meine ersten Orakelkarten. Sie „sprachen" sofort mit mir und fortan lege ich die Karten. Mit 18 lernte ich meinen fünf Jahre älteren Seelenfreund Ali kennen. Es war eine Bruderliebe, denn er war homosexuell. Wir verstanden uns von der ersten Sekunde ohne Worte. Trotzdem quatschen wir stundenlang über den Sinn des Lebens, den Tod und das Leben danach. Beide waren wir fasziniert von allem Mystischen. Zu der Zeit brachten die ersten Privatsender Serien mit völlig neuen Themen.

„Mysteries" und „unglaubliche Phänomene" guckte ich regelmäßig. Bevor Ali an Aids verstarb, hatten wir noch vereinbart, dass er mich eines Tages vom Jenseits aus besuchen kommt. Ich war davon überzeugt, er käme, aber er meldete sich leider nicht. Vorahnungen und inneres Wissen, ungutes Gefühl, Wahrträume und Intuition hatte ich schon als Kind. Doch richtig bewusst war ich mir dessen nie. Für mich war es normal. Einmal, ich war damals in der 4. Klasse, „unterhielt" ich mich mit einem „Engel", der vor dem Fenster meiner Schulklasse „hing" und mich zum Lachen brachte. Ich war total fasziniert, bis mich die Kreide am Kopf traf, die der Lehrer nach mir warf, da er meine Aufmerksamkeit vermisste. Wie hätte ich erklären können, dass draußen vor dem Fester viel Spannenderes ablief?

Als ich 30 Jahre war, nahm meine Lebensplanung ihren Lauf. Einige Zeit nach dem merkwürdigen Ereignis an Dominiks Geburtstag, schreckte ich mitten in der Nacht auf. Dominik hatte mich geweckt, er stand an meinem Bett. Ich war wie erstarrt und konnte mich nicht bewegen. Doch er lächelte, lachte und sprach. Ja wirklich, ich konnte ihn hören und sehen. Er hüpfte auf einem Bein und sagte: „Mami, schau ich bin gesund, ich kann laufen und hüpfen. Mir geht es gut! Ihr sollt nicht mehr traurig sein und weinen!"

Einige Wochen später sah ich zum ersten Mal Paul Meek im Fernsehen, wie er eine [9]mediale Demonstration vor Publikum abhielt. Danach war ich wie elektrisiert. Ich wollte das auch! Eine Sitzung bei einem Medium. Meine Suche führte mich zu einer medialen Veranstaltung im Chiemgau. Und ich bekam doch tatsächlich eine Nachricht von meinem Opa. „[10]Zufall um Zufall" ereignete sich und dann saß ich de facto eines Tages bei Paul Meek in einem Seminar für Medialität.

Warum ich die medialen Seminare besuchte, war mir nie klar. Einerseits liebte ich die Atmosphäre der medialen Arbeit, andererseits war es schön mit Gleichgesinnten beisammen zu sein. Als ich das zweite Seminar bei Paul Meek absolviert hatte, erfuhr ich, dass es eine Ausbil-

---

[9] siehe auch auf der Seite; www.paulmeek.de
[10] mehr dazu in meinem Buch „Seelenpfad"

dung gab, die man machen konnte, sofern Paul es für sinnvoll hielt. Ich bekam eine Einladung. Der Aufnahmeantrag kam per Post. Auf die Frage, warum ich die Ausbildung machen wollte, wusste ich nicht, was ich ankreuzen sollte. Für meine Arbeit, oder um als Medium zu arbeiten, oder zum privaten Vergnügen? Ich kreuzte „für meine Arbeit" an. Das stimmte auch, denn inzwischen hatte ich eine gutgehende Beratungspraxis, da konnte diese Ausbildung durchaus nützlich sein. Ich erzählte aber niemandem in meiner Klientel davon, dass ich nun diesen Weg eingeschlagen hatte. Etwas in mir spreizte sich sehr. Es rumorte und ich wollte mich auch nicht als Medium betrachten oder bezeichnen. Meinem Gefühl nach würde ich das niemals wollen und ich würde niemals als solches arbeiten. Das war für mich klar. Aber …, nun ja …, in meine Arbeit einfließen lassen, konnte ich diese „Gabe" auf jeden Fall.

Obwohl mir Paul mit seiner liebevollen Art und seinem Können gezeigt hatte, dass es „echte", gute und ethisch korrekte Medien gab, konnte ich mich nicht damit anfreunden, selbst eines zu sein. Wann immer die Rede darauf kam, entzog ich mich dem Gespräch. Wenn im Austausch mit Kunden die Sprache auf ein Medium kam, umschiffte ich das Thema und sagte beispielsweise: „Mediales arbeiten, mediale Wahrnehmung, spirituelle Sinne." Auch in meinen Kursen, die ich seit einigen Jahren abhielt, zeigte ich mich bedeckt und ließ nie durchblicken, dass ich ein angehendes Medium war. Das Ganze hatte für mich immer noch den Beigeschmack von Scharlatanen, Tricksern und Leute für dumm verkaufen. Und eben auch im Freundes- und Bekanntenkreis hatte ich es mit viel Erklärungen und Geduld geschafft, nicht mehr für meine Arbeit belächelt zu werden. Zudem hatte ich sehr große Angst, dass ich „damit" meinen guten Ruf gefährde und die Menschen mir Schlechtes nachsagen könnten. Davon abgesehen, hatte ich immer das Gefühl, ich würde mir bei den Übungs-Sittings alles ausdenken und zusammenfantasieren. Ich weiß, ich weiß, ich schäme mich ja auch schon. Aber ich konnte nicht aus meiner Haut. Und so machte ich nun mehrere Jahre intensive, mediale Wochen, als auch immer wieder Wochenend-Seminare. Eben für mich, nie für meine Kunden, schon gar nicht für weiterführende Pläne und auf keinen Fall, um als Medium zu arbeiten. Nee, nee ... Aber, erstens kommt es anders, und zweitens als du denkst, gell. Immer mehr Hinweise zeigten sich. Von anderen Teilnehmern in Pauls Seminaren. In Form von Botschaften, von verstorbenen Freunden und Familienmitglieder. Sinngemäß hieß es jedes Mal: „Du solltest ernsthaft darüber nachdenken, als Medium zu arbeiten", oder „Die Zeit ist reif, wage es." Ich erhielt telefonische oder andere Anfragen, ob ich auch ein Medium sei. Nun, wenn sich die Zeichen mehren, hört Petra darauf. Deshalb freundete ich mich langsam mit dem Gedanken an, die Ausbildung zu Ende zu führen. Mit Ehr und Würden, also streng nach Tradition und mit Zertifizierung durch Paul und die geistige Welt. Und einer Einsegnung als Medium. Es waren nachhaltige, wunderschöne Jahre. Ganz besonders die Intensiv-Wochen waren und sind bis heute ein Geschenk für mich. Fünf Mal war ich dort. Fünf Mal anders, fünf Mal einzigartig schön. Und jedes Mal fühlte ich mich danach ein Stück mehr als Medium. Langsam kam eine Ahnung in mir hoch. Eine, die mir sagte, dass ich es packen könnte. Trotz, oder gerade wegen meinen hohen ethischen Grundsätzen. Mit meinen Ansprüchen an Integrität müsste ich doch ein gutes, ehrliches Medium sein? Ich grübelte viel und fühlte, dass ich das möglicherweise doch in meinem Lebensplan stehen hatte. Es war ja schon mehrmals in der Vergangenheit zur Sprache gekommen. Die Entscheidung, es zumindest zu versuchen und weiterzumachen, fiel, als 2012 meine Freundin Gisela starb. Sie war es, die mich in den vorangegangen Jahren immer wieder weitergeschubst hatte. Sie war es, die es sich auf die Fahne schrieb, mich solange anzustoßen, bis ich mein Lebensziel erreicht hätte. Dieses Lebensziel sei es, laut meiner astrologischen Daten, als Medium zu arbeiten. Meine Freundin war eine begnadete Seelenastrologin, und wir beide waren Seelengefährtinnen. Als sie dann so plötzlich starb, versprach ich ihr am Sterbebett, dass ich den Weg weitergehen werde. Um dann zu entscheiden, ob ich mich als Medium oute, als solches arbeite und meinen Plan erfülle. Sie ging an Dominiks Geburtstag hinüber in die geistige Welt und wurde an meinem Geburtstag bestattet. Das war 2012. Wir hatten genau sieben gemeinsame Jahre. Genug, um mich „in die Puschen" zu bringen, wie mein Opa immer zu sagen pflegte.

Seither ist sie in fast jeder Jenseits-Botschaft sehr präsent. Auch 2012 war ich zur medialen Intensiv-Woche bei Paul Meek in Schulung. Gisela hatte sich gleich bei einer Schülerin von Paul gemeldet und durchgegeben, ich soll Medium werden. Sie hatte sich 2013 bei einer anderen Schülerin gemeldet mit der Botschaft, ich soll in die Gänge kommen und anfangen als Medium zu arbeiten. Und sie übermittelte eine wundervolle Botschaft, die nur ich verstehen konnte, an einen Schüler. Bleibt zu erwähnen, dass keiner der Schüler/innen Gisela und ihre Aufgabe in meinem Leben kannten.

Dann bekam ich 2013 von Paul, am letzten Tag meiner intensiven, anstrengenden Kurswoche, völlig überraschend eine [11]Botschaft; „Du bist ein Medium, das hast du diese Woche bewiesen." Und mit dieser Botschaft erhielt ich den „Ritterschlag" zum Medium. Die Einsegnung zum Medium ist eine der schönsten und intensivsten Erlebnisse meines Lebens. Ich werde mich immer mit großer Dankbarkeit und Freude daran erinnern.

Und wenn heute, in einer Sitzung, durch einen Verstorbenen darauf hingewiesen wird, dass der „[12]Sitter" sich das Leben nehmen wollte oder akut noch will …, woraufhin mein Gegenüber erschrocken oder fassungslos dies zugibt …, und am Ende der Sitzung dann darauf zu sprechen kommt und mir versichert, dass diese Gefahr durch das abgehaltene Sitting gebannt ist …, da er oder sie noch diese Sitzung abwarten wollte … dann, tja dann sitze ich später still und tränenreich zuhause und bin erfüllt von tiefer Demut und Dankbarkeit für diese Aufgabe, die ich für die geistige Welt verrichten darf.

Ich bin ein Medium, ich arbeite als Medium und ich liebe es, mehr und mehr. Es ist mein Auftrag, mein Seelenplan und meine Seelenwege führten mich dort hin. Und wer weiß schon, was noch alles kommt?

Ich freue mich darauf!

---

[11] Paul übermittelt grundsätzlich niemals Botschaften an seine Schüler, Bekannte oder Freunde
[12] Bezeichnet die Person, welche eine Jenseitskontaktsitzung durch ein Medium erhält.

Epilog ☺ ☺

Irgendwann im Café Wunderbar. Es findet die Inkarnation-Nachbesprechung deines Seelen-Clans statt. Das Café ist bis auf den letzten Platz besetzt. Lustiges Schnattern und Plaudern, hier und dort ein Lachen und inmitten dieser fröhlichen Runde sitzen du und ich. Mit dabei sind all jene Seelen, die du dir in deine letzte Inkarnation in deinen Lebensplan geschrieben hattest. Die ganze Seelen-Gruppe ist hoch zufrieden mit dem vergangenen Abenteuer, welches ihr auf Erden erlebt hattet. Alle die Protagonisten und Akteure deines letzten Lebens befinden die Erlebnisse als gut geglückt. Sie freuen sich, mit all den anderen aus deinem Seelenverbund, über die gelungenen Lehren und Lektionen, die sie dir und sich selbst ermöglicht hatten. Ihr tauscht Sichtweisen und Empfindungen aus, die eure Erlebnisse auf der Erde betreffen. Hier und da seid ihr euch einig, dass so manches besser hätte laufen können, oder dass es vergeigt wurde, die entsprechende Lektion zu lernen. Du hast einiges, wo du der Meinung bist, dass du es hättest besser oder anders machen können. Gerade als du beschließt, dass du zur rechten Zeit ein weiteres Mal die Erde besuchen wirst, erscheint ein wunderschöner Engel. Gebannt lauschst du seinen Worten: „Liebe Seelen, eure Arbeit in höchsten Ehren, ihr habt das wirklich super gemacht. Seht nur, welches Ausmaß der Liebe euer Einsatz erreichte. Ihr seid die beste Besetzung für dieses Experiment gewesen. Doch leider, leider sind noch nicht alle wichtigen Aufgaben erledigt und Lektionen gelernt. Und darum: Nun los, Abmarsch, wieder auf die Erde mit euch und das Ganze nochmal von vorne bitte, und Gottes Segen für die nächste Runde."

Danke

Hab vielen Dank, dass du bis hierhin *gelesen hast! Ich hoffe, ich konnte dir mit meiner Sichtweise, eigenen Erfahrungen und meinem Gedankengut etwas mit auf den Weg geben. Ich wünsche dir von ganzem Herzen, dass auf allen deinen Seelenwegen zur rechten Zeit die passende Seele auftaucht, um dir bei deinen Aufgaben zu helfen.

Ich selbst erfahre täglich das Glück, ganz wundervolle Menschen in meinem Leben zu wissen, die mir auf meinem Weg seit vielen Jahren Freund, Helfer, Heiler, Lehrer und Familie sind. Und ich habe die Ehre, sie Seelengefährten zu nennen. Ich nenne ganz bewusst keine Namen. Wer gemeint ist, weiß es und spürt es beim Lesen dieser Zeilen im Herzen. DANKE!

Falls du mich für einen Termin kontaktieren möchtest:
Petra Plößer / www.angelhouse.de
Telefon: +49 (0) 8062 / 270 96 71
Wenn dich mein erstes Buch interessiert:
Seelenpfad – Vom Jammertal zur Lebensfreude
ISBN: 9783743179707

*Vermutlich haben sich, trotz sorgfältiger Prüfung, wieder Fehler eingeschlichen. Wenn du welche gefunden hast, darfst du sie behalten ☺

Beispiele von Seite 144 zu den Zahlen
22.7.2011 Massaker in Norwegen, 77 Menschen sterben,
11. 3. 2004 Sprengstoffanschläge in Madrid,
07. 7. 2005 Selbstmordattentat in London 52 Menschen sterben,
22. 3. 2016 Terroranschlag in Brüssel,
11. 9. 2001 Terroranschlag Twin Towers,
22.07 2016 Blutbad in München, 9 Menschen sterben.
29. 11.2016(2+9=11). Flugzeugabsturz über Kolumbien, eine ganze Fußballmannschaft starb. Mehr als 70 Tote
Atomunfälle:
30.9.1999 Japan, 11.3. 2011 Fukushima, 11.3.2006 Belgien